50 이후,
더 재미있게
나이 드는
법

50 이후, 더 재미있게 나이 드는 법

슬기로운 인생 후반을 위한 7가지 공식

스벤 뵐펠 지음
유영미 옮김

갈매나무

건강에 이른 때는 없고,
너무 늦은 때도 없다

인류가 젊음을 유지하는 방법에 관심을 가진 것은 언제부터일까? 지구상에 인류가 존재한 이래 줄곧 그래오지 않았을까? 성서에 따르면 므두셀라라는 인물은 187세에 아들을 낳았다고 한다. 아들을 낳은 뒤 782년을 더 살다가 969세에 세상을 떴으니 아들을 낳았을 때는 꽤 젊은이였다고 할 법하다. 물론 성서에 기록된 내용을 액면 그대로 받아들일 수는 없다. 다만 므두셀라의 나이에 대한 기록에서 우리는 행복하고 건강하게 오래 살고 싶은 인간의 소망을 읽어낼 수 있다.

건강하게 장수하라는 말은 나이를 막론하고, 생일이나 새해에 가족과 친구와 지인에게 건네는 가장 흔한 인사말이다. "건강이 제일이다." "건강을 잃으면 모든 것을 잃는 것이다."라는 말을 우리는 정말 귀에 못이 박이도록 듣고 말해왔다.

건강과 노화에 영향을 미치는 7가지

무엇보다 중년을 넘겨 나이가 지긋해지면 건강과 질병에 관한 관심이 자연스럽게 높아진다. 70세가 가까워지면 심근경색, 당뇨, 호흡기 질환, 암, 심리 질환 같은 문명 질병으로 사망할 확률도 꽤 높아진다. 그러나 이런 질병에 우리가 속수무책인 것만은 아니다. 이런 질환이 발병하는 공통된 조건, 원인, 위험 요소가 있기 때문이다. 그리고 우리는 이런 것들을 어느 정도 통제할 수 있다.

학문 연구와 사례들을 통해 건강하게 나이 드는 법을 충분히 배울 수 있다. 알고 보면 할 수 있는 것이 제법 많다! 이 책에서 건강과 노화 과정에 영향을 미치는 요소들을 차례로 짚어보고자 한다. 이런 요소들이 슬기로운 인생 후반을 위한 건강 공식의 기초를 이룰 것이다.

1. 마음가짐
2. 식사
3. 운동
4. 수면
5. 호흡
6. 이완과 휴식
7. 사회관계

이 7가지 요인이 노년의 건강과 행복을 좌우한다. 나는 이 책에서 건강과 노화 과정 간의 복합적인 관계를 파악하여, 그로부터 건강하게 나이 드는 방법을 찾고자 한다. 또한 건강한 인생 후반전을 보내기 위한 지향점을 제시하고, 할 수 있는 것과 해야 할 것을 능동적으로 발견할 수 있도록 돕고자 한다.

노화를 늦추고 더 건강하게 늙어가는 법

건강이 나이와 밀접한 관계가 있음은 여러 연구에서 증명됐다. 우선 나이가 들면 건강 문제가 부쩍 증가하는 것이 관찰된다. 질병을 앓는 사람의 수가 증가할 뿐 아니라 그로 말미암아 일상에 제약을 받는 정도도 더 심해지는 것으로 나타난다.

2000년 이후 통계를 종합해 보면, 평균적으로 75세 이상 고령자 넷 중 하나가 질병이나 사고의 후유증으로 인해 불편을 겪고 있다. 그런데 자료에는 65세 이상 인구를 괴롭히는 질병의 종류는 기본적으로 몇 되지 않는다는 사실도 나타난다. 그 질병은 우선 운동기관과 근골격계, 즉 근육·뼈·관절 질환이다. 통풍, 류머티즘, 관절염, 골다공증, 요통과 등 통증이 이에 해당한다. 요통과 등 통증은 보통 급성으로 오지만, 종종 만성으로 진행된다. 그다음으로 노년층에 흔한 것은 바로 심혈관계 질환이다. 심부전, 협심증, 심근경색이 65세 이상이 입원 치료를 받는 주된 원인으로 나타났다.

나이 들어 빈발하는 또 하나의 질병은 바로 암이다. 암은 기본적으로 나이의 경계가 없지만, 새로이 암 진단을 받는 환자의 60퍼센트가 65세 이상이다.

이런 신체적 질환 외에 정신 건강도 노년의 삶에 중요한 영향을 미치는 또 하나의 요인이다. 그도 그럴 것이 65세 이상 고령자 넷 중 하나가 심리 장애를 겪는 것으로 나타났는데, 무엇보다 치매와 우울증의 빈도가 가장 높았다.

이런 사실 앞에서 중년 이후의 삶을 생각하면 마음이 무거워지기 십상이다. 하지만 놀랍게도 나이 들어 나타나는 심신의 연약함에 적절한 전략으로 대처하면, 중년 이후 삶의 행복감이 더 상승한다는 것을 수많은 연구가 보여준다! 중년을 넘긴 사람들은 살아가면서 어려움을 겪어보기도 했고, 어려움에 맞서 대처하고 최선의 결과를 만들어내는 법도 배웠다. 그리고 중요한 것은 중년 이후에 더 건강하고 행복한 삶으로 나아가기 위해 우리가 할 수 있는 것들이 꽤 있다는 사실이다.

정리하자면, 60세가 넘으면 이런저런 질병에 걸릴 위험이 증가한다. 하지만 이 사실이 우리 몸과 마음 상태가 무조건 더 나빠짐을 의미하는 것은 아니다. 또한 그런 질병에 반드시 걸린다는 의미도 아니다. 누구나 위험에 능동적으로 대처하고 질병을 예방할 수 있기 때문이다.

이 책에서 나는 건강과 행복을 장단기적으로 도모하기 위해 일상에서 쉽게 실천할 수 있는 간단한 방법을 보여주고자 한다. 나이가 몇 살이든 이런 방법을 자신의 일상으로 끌어들이면 좋겠다. 건강 관리에는 아주 이른 때도, 너무 늦은 때도 없기 때문이다. 질병이 찾아온다 해도, 무조건 굴복해야 하는 것은 아니다. 충분히 대처해 나갈 수 있다.

자 그럼 어떻게 할까? 시작해 보자!

차례

(두 번째 공식 : 식사)

3 먹는 것이 당신을 말해준다

(세 번째 공식 : 운동)

4 움직이면 복이 온다

(네 번째 공식 : 수면)

5 나이 들수록 잠이 중요하다

(다섯 번째 공식 : 호흡)

6 호흡은 젊음의 샘이다

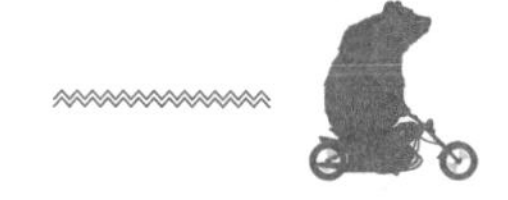

1

그 사람은 왜 또래보다 늙지 않는가?

늙었다고 생각하는 사람이 실제로도 늙는다

자신의 건강을 조금도 생각하지 않는 사람은 아무도 없다. 체력이 예전과 같지 않다는 걸 느끼는 중년에는 더욱 건강이 신경 쓰인다. 미디어와 언론에서도 건강은 중요한 주제다. 건강 실용서, 텔레비전이나 라디오 방송, 인터넷 블로그, 인스타그램, 유튜브에는 건강에 대한 각종 정보가 넘친다. 하지만 이런 넘치는 정보들 가운데 정작 건강이라는 게 과연 무엇인지에 대한 논의가 빠져 있다는 인상을 종종 받는다. 건강에 무엇이 얼마나 어떤 방식으로 영향을 미치는지를 알려면 건강이 무엇인지 짚고 넘어가는 것이 중요하다. 건강에 대한 '건강한' 정의가 있어야 구체적인 목표를 설정하고 올바른 태도로 효과적인 건강 관리를 할 수 있다.

우리의 과제는 다름 아닌 바로 지속 가능한 방법으로 건강을 유지하는 일이다. 그러므로 한 걸음 물러나, 모든 실천법에 공통되는 중요한 질문을 던져보자. 건강이란 과연 무엇일까?

이미 눈치챘을지도 모르지만, 건강에 대해 말하자마자 건강한 상태와 병든 상태가 사실 그리 멀지 않다는 걸 느끼게 된다. 이 두 상태는 어느 정도 맞물려 있다. 건강한 상태와 병든 상태를 반대 극으로 상정하고, 우리가 계속해서 그 양극 사이를 왔다 갔다 한다고 생각하면 건강은 역동적인 이미지로 다가오는데, 우리는 이런 '역동성'을 이용할 수 있다.

의료사회학자 아론 안토노프스키Aaron Antonovsky는 1980년대에 건강을 이런 관점으로 보는 가운데 '살루토제네시스Salutogenesis'라는 개념을 창안했다. 그는 건강(라틴어로 salus)과 그것이 생겨나는 것(그리스어로 genesis)에 주목했다. 살루토제네시스는 내가 이 책에서 소개하고자 하는 '늙지 않는 공식'의 토대를 이룬다. 간단히 말해, 살루토제네시스는 질병이 아니라 건강에 초점을 맞춘 접근법이다. 즉 질병에 대응하는 방법보다는 어떻게 하면 건강을 도모할 수 있는지를 먼저 따지는 것이다. 이런 관점에서 보면 건강과 질병은 신체 반응의 일부일 따름이다. 이런 접근 방식은 기존 의료의 접근 방식과 정확히 반대된다. 일반 의학에서는 건강과 건강의 제반 조건에 초점을 맞추기보다는 질병에 초점을 맞추고, 질병이 무슨 원인으로 어떻게 발병하는지 그리고 어떻게 전개되는지에 주목하기 때문이다.

아프다고 다
똑같은 건 아니다

주관적 건강과 객관적 건강은 별개다. 의료적으로 질병을 진단받았음에도 심신의 컨디션이 좋을 수도 있고, 반대로 아무 병도 진단받지 않았는데 몸이 굉장히 안 좋을 수도 있다. 나아가 어떤 사람은 상당히 불편하게 느끼는 증세를 다른 사람은 그냥 무던하게 받아들일 수도 있다. 흥미롭게도 이와 관련해서는 개인적인 차이뿐 아니라 사회문화적 요소들도 중요한 역할을 한다. 즉 무엇을 아픔으로 느끼고 그것을 어떻게 표현하느냐는 개인에 따라서도 다를 뿐 아니라, 문화적 배경에 따라서도 다르다는 것이 확인되었다.

의학자인 노르베르트 코넨Norbert Kohnen의 연구 결과에 따르면, 이런 차이는 신경세포가 자극을 지각하고 뇌에 전달하는 시점이 차이 나기 때문에 발생하는 것이 아니다. 이런 생리적 전달이야 어떤 사람이든 똑같은 메커니즘으로 진행된다. 하지만 어떤 자극을 언제부터 아프다고 느낄지, 그리고 그것을 어떻게 표현하고 대처할지가 개인 성향이나 문화의 영향을 받는 것이다. 지중해 지역의 가족 중심 사회에서는 조금만 아파도 큰 소리로 불편을 표시한다. 무엇보다 가족의 도움을 얻기 위해, 즉 사회적 관심을 받기 위해서다. 그러나 북유럽이나 북아메리카 같은 개인 중심 사회에서는 가능하면 정확히 어디가 어떻게 아픈지 담담하게 이야기하는 편이다. 전문 의료진을 통한 즉각적인 치료가 가능하도록 말이다. 그리하여 어떤 사람은 여러 통증을 싸잡아 "난 오늘 도무지 몸이 안 좋아."라고 표현하는 반면, 어떤 사람은 아주 구체적으로 "일어날 때 허리에 찌르는 듯한 아픔이 느껴져요. 그 통증이 왼쪽 다리까지 싸하게 내려가요."라고 표현할 수 있는 것이다.

따라서 건강 상태를 두 가지 관점에서 이야기할 수 있다. 첫 번째, 의학적 소견은 어떤가? 어떤 진단이 내려졌고, 이것은 내 일상에 어떤 영향을 미치는가? 두 번째, 진단과 상관없이 내 컨디션, 나의 심신 상태가 어떠한가? 이 두 관점, 즉 건강에 대한 객관적 평가와 주관적 평가는 개인에 따라 같을 수도 있고 다를 수도 있다. 하지만 결국 이 두 평가는 동전의 양면으로서, 우리가 반짝반짝 광을 내어주기를 기다리고 있다.

빛바랜 은수저를 닦는 수고를 해보았다면, 다시 반짝이는 은수저를 보았을 때의 놀라움과 기쁨을 알 것이다. 늙지 않는 공식이 은수저를 닦는 일처럼 빠른 효과를 불러올지는 알 수 없지만, 건강을 오래 유지하는 효과는 분명 가져다줄 것이다.

나이가 들었으니
어쩔 수 없다?

이미 설명했듯이 우리의 건강 상태는 '최상'과 '절망'이라는 양극단 사이에서 진동하는 역동적인 상태다. 따라서 우리의 건강은 양극단으로 이루어진 '연속체' 안의 중간 어느 지점에서 움직이고 있다.

이런 생각이 상당히 낯설게 느껴질 수도 있다. 우리는 건강과 질병을 서로 먼, 반대되는 상태로 보는 데 익숙하기 때문이다. 그러나 이런 시각은 초점을 건강이 아니라 질병에 맞춘다. 질병, 질병의 발생, 질병의 치료, 그리고 질병의 예방만을 염두에 두는 것이다. 그러나 안토노프스키의 살루토제네시스에 따르면 모든 사람은 때로 더 아프고, 때로 덜 아프다. 때로는 더 건강하고 때로는 덜 건강하다. 그리고 여기서 중요한 것은 건강이 어떻게 생겨나고, 어떻게 하면 건강을 최대한 유지할 수 있는지 묻기보다는, 어떻게 하면 저울추를 질병이 아닌 건강 쪽으로 더 옮겨올 수 있는지 묻는 것이다.

우리는 건강을 은행 계좌처럼 생각할 수 있다. 건강에좋은 행동은 계좌에 돈을 입금하는 것으로, 건강에 해로운 행동은 계좌에서 돈을 인출하는 것으로 생각해 보라. 따라서 어떤 방식으로 음식을 먹고, 잠자고, 호흡하고, 쉬고, 사회생활을 하느냐에 따라 계좌가 넉넉히 찰 수도 있고 빌 수도 있다. 행동하는, 혹은 행동하지 않는 모든 것이 건강에 영향을 미친다. 건강은 결국 개별 요소의 합으로 이루어진다.

건강 계좌가 '플러스' 상태라면 조금 지출을 해도 신체가 금방 마이너스로 떨어지지 않고 조금쯤 여유를 누릴 수 있다. 신용도, 즉 평소에 얼마나 건강하게 사는가에 따라, 한 번씩 약간 방만한 상태를 허락할 수도 있다. 그러므로 평소 건강 자산을 넉넉히 저축해 놓는 것이 중요하다. 비유적으로 말하면, 최대의 이윤을 얻기 위해선 다음 세 가지를 알아야 한다.

1. 얼마나 많이 예치해야 할까?

2. 어떤 통화로 예치해야 할까?

3. 건강 계좌 중 어느 세부 계좌에 예치해야 할까?

이 책을 통해 독자들에게 도움을 주고자 하는 부분이 여기에 있다. 매일 하는 작은 행동이 건강을 유지하는 데 기여할 수 있기 때문이다. "하루 사과 한 개면 의사가 필요 없다."는 속담은 정곡을 찌른다. 물론 말 그대로 하루 사과 한 개만으로 병원을 무용지물로 만들 수는 없겠지만, 그럼에도 이 문장은 상당히 일리가 있다. 작은 행동—케이크냐 사과냐—하나하나가 추를 올바른 방향으로, 즉 건강한 방향으로 진동시키기 때문이다.

나의 먼젓번 책《내 나이는 내가 결정한다*Entscheide selbst, wie alt du bist*》에서 내가 '체감 나이'라는 말로 표현한 '자아상' 역시 건강에 상당한 영향을 미친다. 즉, 자신이 늙었다고 생각하는 사람은 그렇게 느낄 뿐 아니라, 그로 말미암아 실제로도 늙는 것이다. 심리학자 엘렌 랑거Ellen Langer의 유명한 현장 연구가 이를 증명해 준다. 엘렌 랑거는 실험 기간 동안 나이 든 참가자들을 젊음을 연상시키는 분위기에서 시간을 보내게 하며 더 젊어진 것처럼 행동하도록 했다. 그렇게 얼마간을 보내자 참가자들이 주관적으로 더 젊어졌다고 느꼈을 뿐 아니라, 걷기 자세가 개선되고 걸음도 더 빨라지는 등 실제 건강 상태도 긍정적으로 변한 것으로 나타났다. 우리 주변에서도, 어느 정도 나이가 들었으니 관절염 등 작은 불편은 감수해야 한다고 생각하는 사람들보다 그것들을 당연하게 생각하지 않고 적극적으로 개선하려는 사람들이 좀 더 젊게 사는 것을 볼 수 있다.

긍정심리학도 이와 비슷한 선상에 있다. 긍정심리학은 다른 심리학처럼 심리 질환의 원인을 찾거나 치료법을 개발하기보다는 무엇이 인간을 행복하게 하는지 긍정적 측면에 집중하겠다는 취지로 탄생했다. 긍정심리학의 선구자인 마틴 셀리그만Martin Seligman에 의하면 학문적 토대 위에서 장기적으로 행복한 삶을 살기 위해 필요한 조건과 전략을 정립하는 것이 긍정심리학의 목표다. 긍정적인 부분에 초점을 맞춤으로써 체험과 행동에 긍정적인 영향을 미치고자 하는 것이다. 부정적인 것들을 미화하거나 무시하자는 것이 아니다. 그동안 부정적인 측면에 지나치게 주안점을 두었으니 이제 긍정적인 측면에도 주목하여 시각의 전환을 도모하자는 뜻이다.

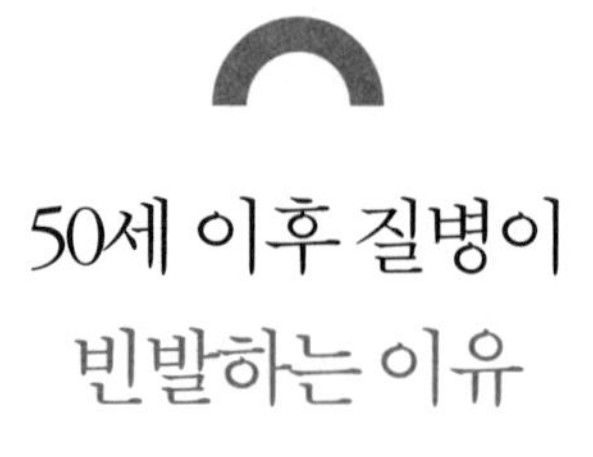

50세 이후 질병이 빈발하는 이유

노화와 건강은 밀접한 연관이 있다. 많은 질병은 비로소 나이가 들어서야 발병하거나 증상이 두드러지게 나타난다. 그러므로 노화를 막아주는 모든 것은 건강에 긍정적인 영향을 끼치고 심신의 편안함에 기여한다고 하겠다.

신체는 어떻게 나이 들어갈까

신체는 왜 늙어갈까? 그것은 신체의 물질이 새로이 형성되거나 재생되는 메커니즘을 보면 알 수 있다. 우리의 체세포는 세포분열을 통해 탄생한다. 세포분열로 말미암아 하나에서 둘이 되는 것이다. 세포분열은 신생아 시기와 성장기에 특히나 빠르게 일어난다.

하지만 나이가 들어가면서 이런 과정이 느려져 새로운 세포들이 그렇게 빠르게 형성되지 않는다. 세월이 흐르면서 젊을 적의 탄력을 잃고 주름이 부쩍 눈에 띄게 늘어나는 피부에서 이런 사정을 특히나 잘 느낄 수 있다.

세포분열 속도가 느려지는 것이 문제의 전부는 아니다. 세포분열은 상당히 복잡한 과정이라 이 과정에서 오류도 곧잘 빚어진다. 세포와 세포핵이 분열될 때 그 안에 들어있는 DNA 사슬도 갈라져 복제되는데, 이렇게 새로 생겨난 DNA 사슬로부터 유전적으로 동일한 새로운 세포 두 개가 만들어진다. 인체의 거의 모든 세포가 이러한 과정을 거친다. 그러나 성공적인 세포분열을 통해 분화된 다음에 더는 분열하지 않는 세포들도 있다. 무엇보다 신경세포와 근육세포가 그렇다. 이들 세포는 제한된 정도로만 새로워진다. 하지만 고령에도 뇌 속에서 신경세포가 새로 생겨날 수 있다. 해마에서 일어나는 신경발생이 대표적인 예다. 그래서 우리의 정신건강은 고령에도 유연성을 간직하는 것이다. 신경발생은 춤을 추거나 하는 운동을 통해서도 촉진된다.

신경세포와 근육세포가 분화할 때는 위에 언급한 세포가 하나에서 두 개가 되는 분열 과정이 앞선다. 이런 과정의 유일한 예외는 바로 생식세포다. 생식세포는 단순한 유전정보만을 지니며, 정자와 난자가 만나 새로운 생물로 발달하기 위한 수정란이 만들어져야 비로소 하나에서 두 개가 되는 세포분열이 일어난다.

요약하자면, 신체는 세포재생을 통해 계속해서 기존의 세포들을 대체해 간다. 따라서 몇 년이 흐르면 심장세포, 뇌세포, 근육세포처럼 천천히 새로워지는 세포까지 모두 바뀌어, 우리는 온전히 '새로운' 인간으로 거듭난다.

문제는 이런 과정에서 장애가 발생한다는 것이다. 무엇보다 DNA 가닥의 바깥쪽 끝은 세월이 흐르면서 점점 닳아 술이 잘리며 성분 잃는다. DNA 보호캡 역할을 하는 텔로미어가 세포분열을 할 때마다 조금씩 물질을 잃어가며 손상되기 때문이다. 이것은 그리 나쁜 일이 아니다. 오히려 반대다. 이런 과정을 통해 텔로미어는 가장 중요한 DNA가 손상되지 않도록 보호하는 역할을 한다.

하지만 나이가 들어가면서 텔로미어는 점점 짧아지고 유전자가 공격받는 지경에까지 이른다. 그러면 특정 유전정보가 제대로 전달되지 못한다. 그리하여 점점 더 많은 오류가 끼어들며, 이 오류들이 세포분열을 거듭하면서 전달된다. 정신적·신체적 스트레스, '자유라디칼'에 대한 반응으로서의 세포 스트레스, 환경적 영향으로 인한 스트레스 등 종류를 막론하고 스트레스는 체세포에 영향을 미치고 손상을 줄 수 있으며, 이런 손상은 다음번 세포분열에서 전달된다.

우리의 DNA 사슬은 40번 정도까지 두 배로 복제될 수 있다. 그런 다음에는 짧아져서 제대로 된 분열이 불가능하다. 이런 세포의 노화 과정은 되돌릴 수 없는 것으로 지금까지 알려져 있다. 그렇게 하여 '세포의 죽음', 즉 세포가 더 이상 분열하지 않는 상태에 이르는 것이다. 인간 체세포의 대부분은 52번 정도 분열한 다음에 소위 헤이플릭 한계에 이른다. 헤이플릭Leonard Hayflick이라는 학자가 이 사실을 발견했기에 그의 이름을 따서 탄생한 용어다.

동물을 대상으로 한 최신 연구 결과는 경우에 따라 이런 노화 과정을 거꾸로 돌리거나 늦출 수 있지 않을까 하는 소망을 품게 한다. 가령 스위스의 학자 토니 와이스 코레이Tony Wyss-Coray를 위시한 스탠퍼드 대학교 연구팀은 나이 든 쥐에게 젊은 쥐의 혈액을 주입한 결과 나이 든 쥐의 뇌가 젊어졌음을 증명했다.

NOTE

자유라디칼?

질병이 어떻게 생겨나는지, 특히 어떻게 음식으로 질병을 예방할 수 있는지를 이야기할 때 '자유라디칼'이라는 단어가 많이 등장한다. 자유라디칼은 무엇일까? 자유라디칼은 신진대사 과정에서 부수적으로 생겨나거나 환경오염, 흡연, 자외선, 스트레스 같은 외적 영향으로 말미암아 생겨나는 산소화합물과 질소화합물을 말한다. 이 자유라디칼은 전자 하나가 모자란 상태이기 때문에 다른 분자들과 빠르게 반응한다. 그러는 가운데 이름에 어울리는 짓을 하는데, 우물쭈물하며 자유로운 결합 파트너를 천천히 찾아다니지 않고, 바로 주변에 있는 분자를 공격해서 자신에게 모자란 전자를 그 분자에게서 가로채 버리는 것이다. 이런 과정을 '산화'라 한다. 그러면 이제 전자 하나를 빼앗긴 원자나 분자는 그렇게 다시 빈자리가 생긴 자유라디칼이 되어 연쇄반응이 일어나고, 결과적으로 체세포가 손상된다. 이것이 죽상동맥경화증, 심혈관 질환, 암 등 여러 질병을 유발하며, 피부 노화도 가속시키는 것으로 보인다. 항산화 식품은 이런 연쇄반응을 중단시키고, 껍질을 깎은 사과 조각에 레몬주스를 방울방울 떨어뜨릴 때처럼 산화를 방지하는 역할을 한다. 항산화 성분은 자원해서 전자 하나를 넘겨주고도, 스스로는 자유라디칼이 되지 않기 때문이다. 항산화 성분은 이를 위해 서로서로 돕기까지 한다.

이런 결과를 아직 인간에게 적용할 수는 없다. 우리는 계속해서 오류가 끼어든 유전정보가 전달되는 것을 감수해야 한다. 이로 인해 무엇보다 암, 치매, 당뇨, 심혈관 질환이 발병하는데, 이런 질병들은 통계적으로 약 50세 이후부터 빈발한다. 늙지 않는 공식은 바로 이 부분에서 도움을 줄 수 있다. 늙지 않는 공식을 일상에 적용하면 노화를 지연할 수 있고 위에서 언급한 여러 질환과 시력 감퇴, 치아 건강 악화 등의 불편을 막을 수 있다.

노화에 대한 연구를 통해 얻은 지식을 활용하는 일이 무엇보다 중요하다. 가령 내 아버지는 75세인데도 이가 모두 온전하다. 물론 이것에는 유전적 소질도 한몫하겠지만, 치아 건강이나 영양 등에 대한 적절한 지식으로 무장을 하면, 나이 들어 의치에 의존하는 사람들이 훨씬 줄어들 것이라고 나는 확신한다.

노화를 막아보려는 모든 행동에서 명심해야 할 점은 늦든 빠르든 노화 현상이 나타나는 것은 어쩔 수 없다는 사실이다. 자동차에 빗대어 설명하자면, 자동차를 처음 사면 몇 년간은 고장 없이 잘 굴러간다. 그러다가 점점 더 수리를 요하는 일들이 늘어난다. 다행히 인간의 몸은 자동차와 달리 상당한 재생 능력이 있다. 피부, 치아, 뇌,

청력, 관절, 연골도 어느 정도까지는 손상이 무마되거나 상쇄된다. 몇 년 전까지만 해도, 심근경색으로 인해 손상된 조직은 회복이 불가능하다고 여겨졌지만, 끝내 재생될 수 있음이 증명되었다. 물론 적절한 치료가 필요하지만 말이다.

게다가 신체는 놀라운 보완 능력도 발휘할 수 있다. 가령 뇌졸중을 겪은 뒤 특정 뇌 영역이 손상되어 본연의 임무를 수행하지 못하면, 뇌는 다른 영역을 훈련시켜 손상된 영역이 감당하던 일을 대신 맡도록 한다. 이를 의학 용어로 '대상작용'이라 부르며, 이렇듯 두뇌가 한평생 변화할 수 있는 능력을 '뇌가소성'이라 부른다. 올바른 자극을 주면 재활이 가능하다는 것이니, 정말 좋은 일이 아닐 수 없다.

만성염증이 우리를 늙게 한다

나이가 들면서 여러 질병이 발병할 확률이 높아지는 원인은 여러 가지다. 볼 수도 느낄 수도 없지만 앞서 말했듯이 세포분열에서 오류가 끼어들어 새로운 세포로 전달되는 것도 원인 중 하나다. 게다가 건강하지 못한 생활을 매일매일 거듭하다 보면, 그 축적된 결과를 무시할 수 없어진다.

무엇보다 노화를 촉진하는 가장 주된 메커니즘은 바로, 우리가 보통 동반 현상으로 여기는 만성염증이다. 대부분의 질병은 염증으로 말미암는다. 감기나 일상적인 감염뿐 아니라 알레르기, 당뇨, 치매를 비롯하여 나이 들어가면서 나타나는 여러 질병이 염증으로 말미암거나 그로 인해 더 심해진다.

염증이라 하면 대부분 외부의 병균이 유발하는 몸의 면역반응을 떠올린다. 이것은 아주 정상적인 반응으로, 면역계는 침입자와 싸우는 데에 특화된 체세포를 준비시키고, 특정 전달물질의 도움을 받아 활성화한다. 그러나 나이가 들어가면서 신체는 계속해서 이런 염증 매개 물질을 더 많이 분비한다. 이것이 나이 들어 나타나는 여러 만성질환의 주된 원인이다.

이런 작용은 매년 심해진다. 나이 들수록 신체가 염증을 촉진하는 단백질을 점점 더 많이 분비하기 때문이다. 이것은 만성 질병과 면역력 감소로 이어진다. 한마디로 말해, 나이가 들수록 몸에 염증이 더 많아진다는 것이다. 이렇듯 체내 염증으로 인해 노화가 촉진되는 것을 '염증노화inflammaging'라 칭한다. 전문가들은 이를 화재에 빗대어 설명하기도 하는데, 이것은 국부적으로 강한 염증이 생기는 현상을 말하는 것이 아니고, 전신에 걸쳐서 나타나는 염증반응의 결과를 의미한다. 이런 염증반응은 낮고 고요하게 가물거리며 타오르는 것이라서, 급성염증과는 달리 우리가 잘 지각하지 못한다(이런 화재를 음식으로 진화하는 법을 뒤에서 살펴볼 예정이다).

가령 발의 기형으로 말미암아 한쪽 무릎 관절에만 하중이 실리면, 그곳의 연골이 마모되고 염증이 생길 수 있다. 이런 염증은 다시금 전신과 상호작용을 하여 확산되며, 경우에 따라서는 심낭염 등의 형태로 심장에도 영향을 미칠 수 있다.

염증은 근육과 지지조직에도 영향을 미치며, 전신과 뇌에 흔적을 남긴다. 따라서 노화를 늦추고자 한다면, 되도록 신체에 염증반응이 일어나지 않거나 최소한으로만 진행되도록 예방하는 것이 좋다. 지금까지 밝혀진 바에 따르면 두 가지, 운동과 음식으로 염증에 대처할 수 있다. 설탕, 밀가루 음식, 육류 등 염증을 부채질하는 식품도 있고 야채, 당분이 적은 과일, 허브, 견과류 등 염증을 막아주는 식품도 있다. 식품과 운동이 어떻게 염증을 예방하는지는 3장(식사)과 4장(운동)에서 더 자세히 살펴보려고 한다. 좋은 소식은 젊음의 공식을 각각 결합하면 효과가 배가된다는 것이다.

지식이 기적을 일으킨다

노화는 세포분열의 한계치 및 미미한 만성염증으로 말미암아 진행되는 자연적인 과정이다. 노화는 당연히 각종 마모 현상을 동반한다. 이를 친척과 친구 들뿐 아니라 우리 자신에게서도 관찰할 수 있다. 하지만 보통은 이를 체감하면서도 그냥 그러려니 한다. 세월이 흐르면서 이러한 바람직하지 못한 행동이 축적되면서 노화가 촉진된다. 건강 계좌에 넣어두었던 우리의 자산을 우리 스스로 쏙쏙 갉아먹는 것이다.

음식도 늙지 않는 공식의 7가지 요인 중 하나다. 음식에 대해서는 3장에서 자세히 설명하겠지만, 여기서 간단히 중년 이후의 생활

습관에 대해 기본적인 것을 짚고 넘어가고자 한다. 아이들의 경우는 성장기니까 균형 잡힌 영양이 필요하다는 사실에 모두가 공감한다. 그런데 많은 사람이 성인의 몸, 즉 성장이 오래전에 끝난 몸 또한 어떻게 쓰고, 어떻게 대하느냐에 따라 변한다는 것을 의식하지 못한다.

중년 이후에는 필요한 영양이 젊은 시절과 다르기에, 이를 고려하여 나이가 들면 자신의 습관을 재점검하고 조절하는 것이 중요하다. 생활 습관에 따라 근밀도, 골밀도, 체지방의 양이 달라지며, 심혈관계, 손힘, 폐 기능도 일평생 좋아졌다 나빠졌다 할 수 있다. 이 모두가 신체의 상태를 보여주는 지표다.

후성유전학도 정확히 여기에서 출발한다. 후성유전학자들은 무엇보다 환경과 생활 방식이 유전자에 어떤 영향을 미치는지 연구하는데, 가령 우리가 사는 지역의 기후도 유전자에 영향을 미치는 것으로 나타났다고 한다. 후성유전학 연구는 유전자가 사고방식과 행동 양식에 따라, 즉 어떻게 생각하고 느끼고 행동하는가에 따라서 변한다는 것을 보여준다. 따라서 우리는 후손들에게 어떤 유전정보를 전달할지를 자신의 행동으로 결정하는 셈이다.

이와 별도로 나이를 막론하고 신체의 욕구와 가능성을 존중하면 연령에 맞는 발달을 촉진할 수 있다. 또한, 마모를 막고 노쇠를 늦추거나 부분적으로 되돌릴 가능성도 우리 손에 달려 있다.

하루하루 잘못된 행동의 영향이 축적되어 성인병과 노인성 질환이 발생한다. 이미 눈치챘겠지만, 여기서 '잘못된 행동'이라는 것은 어떤 최악의 행동이 아니다. 이상적인 상태에서 불가피하게 벗어나는 정도만으로도 그렇다.

100퍼센트 건강한 상태는 도달할 수 없는 이상이다. 건강에 완벽한 조건은 만들 수 없으며, 그런 조건을 유지하는 일도 불가능하다. 하지만 건강을 위해 방향키를 어디로 움직일지 알면, 어떻게 해야 건강과 조화로운 심신 상태 쪽으로 향할 수 있는지 감이 잡힐 것이다. 아무리 말해도 지나치지 않은 사실은 바로 지식이 기적을 일으킨다는 점이다!

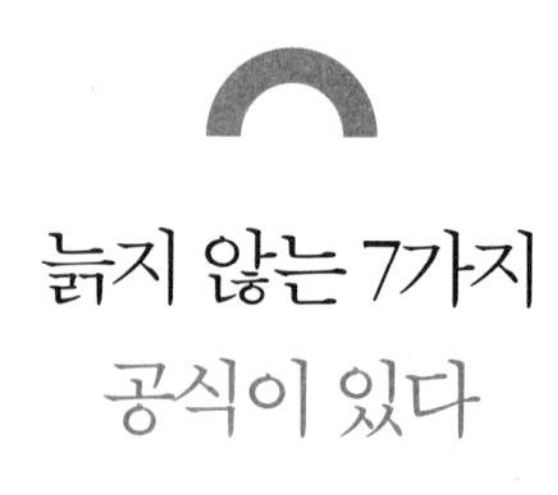

늙지 않는 7가지 공식이 있다

건강을 돈으로 살 수 없다는 사실은 예나 지금이나 똑같다. 그러나 나이와 상관없이 건강을 유지하기 위해 할 수 있는 것들이 있다! 그런데 어디서부터 시작하는 것이 좋을까? 가장 기본이 되는 수단은 '알아차림'과 '의식의 변화'다. 이들이 올바른 지식과 짝을 이루어 더 건강하고 행복한 삶의 문을 열어주는 '늙지 않는 공식'이 되어줄 것이다.

알아차림과 의식의 변화

우리는 이제 '늙지 않는 공식'이 7가지로 구성된다는 걸 알고 있다. 마음가짐, 식사, 운동, 수면, 호흡, 이완과 휴식, 사회관계가 그것이다. 늙지 않는 공식은 수학 공식과 비슷하게, 복잡한 상황을 단순하게 해결해 준다. 여기엔 두 가지 이점이 있다. 우선, 상황을 더 잘 파악할 수 있고, 이를 토대로 공식을 각자의 상황에 맞게 적용할 수 있다. 개별 요소를 늘 전체적인 관점에서 보고 통합적으로 생각하는 것이 중요하다. 그래야만 우리가 움직일 수 있는 방향키를 알 수 있고, 그 키가 어떤 식으로 강화 혹은 상쇄 작용을 하는지 알 수 있기 때문이다.

가장 기본적인 질문은 우리가 어떻게 태도를 바꿔 바람직한 행동으로 나아갈 수 있느냐는 것이다. 동기심리학의 연구를 비롯해 '알아차림' 연구 등 이웃 분야의 연구들이 이 질문에 대답을 찾을 수 있도록 도와준다. 한 가지 분명한 사실은 장기적인 심신의 건강과 행복을 위해선 최신 학문 지식을 알고 활용해야 한다는 것이다.

심신 건강에 관한 최신 연구 결과는 너무나도 많다. 매년 새로운 인터뷰와 논문과 기사, 텔레비전 방송, 서적 들이 나오고 있다. 이것들 가운데 정말로 유용한 내용을 식별하려면 기본적인 의학 지식은 물론 많은 시간이 필요하다. 나는 이러한 연유로 이 책을 쓰게 되었다. 독자들의 수고를 줄여주기 위해 많은 문헌을 읽었고, 진짜 도움이 되는 것과 속설들을 분별해 정리했다.

하지만 일상에 적용하는 일은 아무도 대신해 줄 수 없다. 늙지 않는 공식을 자신의 필요에 맞추어 적절히 활용하는 것은 바로 당신 자신에게 달린 일이다. 분명 수고한 만큼 보상이 있을 것이다. 늙지 않는 공식을 잘 적용하면 정말 건강이 좋아질 것이다. 순간순간 만족스러운 컨디션으로 살아가게 될 것이고, 행복감이 샘솟을 것이다. 늙지 않는 공식은 곧 '황금 중년'의 공식이라 할 수 있다.

늙지 않는 공식으로 도달하고 싶은 목표는 사람마다 다를 것이다. 당신은 어떤 노년을 꿈꾸고 있는가? 100세까지 너끈히 건강을 유지하는 가운데 손자들과 장기를 두어 이기는 노인이 되고 싶은가? 아니면 그렇게까지 오래 살고 싶지는 않지만, 대신에 남은 삶을 최대한 건강하게 누리고 싶은가? 비유적으로 말하면, 초를 양 끝 모두에서 타오르게 할 수 있지만 그렇게 하면 초의 수명은 그만큼 짧아질 수밖에 없다.

의학의 진보와 끝없는 연구 덕분에 인간의 평균 수명은 계속 늘어났다. 간혹 노화의 비밀을 규명했다는 이야기도 심심치 않게 들린다. 하지만 규명된 내용들은 대부분 아주 세부적인 것들이라 일상에 크게 적용할 것은 없어 보인다. 노화는 아주 복합적인 과정이라, 당분간은 그 전모를 이해하기 힘들 것이다. 게다가 노화 과정을 늦추는 방법이 있다 해도 우리 같은 평범한 사람들이 그것을 이용하기까지는 더 많은 시간이 필요할 것이다.

하지만 그렇다고 손 놓고 있을 수밖에 없다는 소리는 아니다. 그렇지 않다! 유감스럽게도 인류는 젊음을 영원히 유지하는 기적의 약을 아직 발견하지 못했지만 대신에 다양한 연구를 통해 실생활에 적용 가능한 수많은 지식을 얻어왔다. 여기에 선조들과 다른 문화권에서 적용해 온 지혜를 더하면, 실생활에서 활용할 수 있는 내용은 더욱 풍성해진다.

모든 것은
서로 연결되어 있다

다양한 작용이 체내에서 서로 어떻게 영향을 미치는지는 아직 충분히 연구되지 않았다. 그러나 한 가지는 의심할 바 없이 확실하다. 건강은 정말 무수한 면을 가졌다는 점이다. 이미 알고 있겠지만 대부분의 질병은 갑자기 생기는 것이 아니라 서서히 생겨나며, 정신적·감정적·신체적 요인이 그것에 영향을 미친다. 그리하여 스트레스를 너무 많이 받거나 적절히 풀어주지 않으면 심리적으로뿐 아니라 신체적으로도 여러 증상이 나타난다.

현재 수많은 전문가가 대부분의 요통은 신체적·정신적 원인이 결합되어 나타난다는 데에 동의한다. 즉 "오늘날의 지식에 따르면 사회심리적 요소들이 지금까지 생각했던 것보다 생리의학적, 생체역학적으로 더 커다란 역할을 한다."는 것이다. 요통은 정말 많은 사람을 괴롭히는 가장 흔한 국민 질병이다. 그런데도 요통에 사회심리적 요인이 큰 비중을 차지한다는 것이 세간에 널리 알려진 일반상식이 되려면 아직도 시간이 더 필요한 것 같다.

상호작용은 모든 곳에서 아주 다양하게 서로 맞물린다. 바람직하지 못한 식생활을 계속하면 체중이 늘 뿐 아니라 암을 촉진하는 신진대사가 발동될 우려가 있는 것도 같은 맥락이다.

어디서부터 시작하는 것이 좋을까?

체내에서 일어나는 생화학 과정 전체가 서로에 영향을 미친다. 하지만 이런 영향이 부정적이기만 한 것은 아니다. 반대로 우리는 그것을 긍정적으로 활용할 수 있다.

비유적으로 말하면, 늙지 않는 공식의 요인들—마음가짐, 식사, 운동, 수면, 이완과 휴식, 호흡, 사회관계—은 기계가 잘 돌아가게 해주는, 우리가 돌릴 수 있는 바퀴들이라고 할 수 있다. 이를 위해 공식의 요소를 최적화하고 잘 조절하는 것이 중요하다. 각각의 요소를 든든히 세우면 전체적으로 건강이 좋아져서 건강에 안 좋은 것을 먹고, 건강에 안 좋은 행동을 하는 것을 조금쯤은 용인할 여유가 생긴다.

이렇게 시스템의 약한 부분을 어느 정도 상쇄할 수 있는 것이다. 가령 잠을 못 잔 것을 건강한 영양으로, 또는 건강하지 못한 식생활을 충분한 운동으로 상쇄할 수 있다. 운동을 충분히 해주는 것으로 과식의 영향을 무마하거나, 양질의 식사로 수면 욕구를 약간 감소시킬 수 있다. 물론 어느 정도까지만 가능하다. 나쁜 식생활을 운동으로 완전히 상쇄할 수는 없기 때문이다. 그러므로 늙지 않는 공식의 일곱 요인을 늘 두루두루 살펴야 한다. 너무 부담되지 않게, 일곱 가지 중 어느 한 가지 요소의 개선만 시도할 수도 있다. 아무리 작은 것이라도 개선하려는 의지와 행동이 중요하다.

한순간에 무너진 것이든, 오랜 기간에 걸쳐 형성된 습관이든 간에, '잘못된 행동'이 벌어진 바로 그 순간 코스 변경을 꾀하는 것이 가장 좋다. 즉 건강하지 못한 식생활로 인해 벌어진 결과는 식생활을 바꾸는 것으로 대처하는 것이 가장 좋다는 이야기다. 당연하지만 잊지 말아야 할 점이다. 하지만 건강은 개별 요인의 단순한 공존으로 이루어지기보다는 복합적인 상호작용에 근거한다. 그러므로 우리의 과제는 건강을 이루는 각각의 요소들을 가능하면 최상의 수준으로 유지하는 것이다. 정리하자면 다음과 같다.

1. 긍정적이든 부정적이든, 모든 것은 서로 연관되어 있다. 늙지 않는 공식을 이루는 각 부분에서 건강을 위해 바람직한 행동을 할수록 건강이 더 좋아지고, 그로부터 유익을 얻을 수 있다.
2. '완충장치'를 더 든든하게 구축할수록 이상적인 건강 상태에 근접할 수 있으며, 심신의 컨디션이 좋아진다.
3. 일시적으로는 한 부분에서의 부족을 다른 부분에서의 양질의 행동으로 상쇄할 수 있다.

자, 각 부분이 서로 영향을 주고받는 상황인데, 그러면 과연 어디에서 시작하는 것이 좋을까?

2

(첫 번째 공식 : 마음가짐)

건강은 머릿속에서 생겨난다

'알아차림'이 왜 중요한가?

마음가짐은 젊음의 공식에서 특별한 역할을 한다. 다른 여섯 요인의 토대로서, 우리가 무엇을 얼마나 할 수 있을지, 어느 정도의 성공을 거둘지를 좌우하는 결정적 요인이기 때문이다.

믿음이 산을 옮길 수 있다는 말을 들어보았을 것이고, 어떤 사람들은 자신의 삶에서 이를 이미 경험해 보았을 것이다. 건강에 있어서도 생각의 힘이 큰일을 할 수 있다. 건강하다는 확신 자체가 건강에 기여하는 것으로 나타났으며, 규칙적으로 자신이 얼마나 행복한지를 눈에 그리면 정말로 행복해진다는 것이 학문적으로 증명되었다. 이런 긍정적 강화 효과를 이용해 우리의 정신을 건강 쪽으로 프로그래밍할 수 있다. 건강하다는 것에 감사하고 기뻐하면 좋은 건강 상태를 유지할 확률도 올라간다.

단순한 것에 집중하고 가진 것과 누릴 수 있는 것—건강한 것, 가족이 있는 것, 취미가 있는 것, 몸을 누일 집이 있는 것, 좋은 음식을 먹을 수 있는 것 등—에 의식적으로 감사하면 행복감이 일어난다. 그러면 스트레스가 감소하고, 긴장이 이완되어 심신이 편안해진다. 그럴 때 신체에서 분비되는 호르몬과 전달물질이 감정에 긍정적으로 작용하고, 면역체계를 강화하며, 심신의 회복력과 저항력을 높여주기 때문이다. 감사 일기를 쓰는 것이 좋다는 이야기를 들어보았을 것이다. 심리학자 마틴 셀리그만은 감사 일기를 통해 감사 연습을 하는 것이 얼마나 긍정적인 효과를 가져오는지를 연구한 심리학자 중 한 사람이다. 연구 결과, 매일매일 감사한 일을 기록한 사람들이 컨디션이 더 좋고, 스트레스 호르몬이 적게 분비되었으며, 잠을 더 잘 자고, 더 능률적으로 업무를 수행하고, 우울증에 시달리는 비율도 적은 것으로 나타났다.

감사하는 마음과 행복감을 느끼고자 하는 의지는 결코 지적 차원에서만 이루어지는 일이 아니다. 감정적 차원에서도 진행되며 신체에도 영향을 미친다. '플라시보 효과'와 같은 맥락이다. 위약을 복용한 실험 참가자들은 그냥 더 좋아질 것이라고 믿었을 뿐인데도 실제로 정말 좋아진다. 약을 복용하고 좋아질 거라고 믿으면 뇌에서 진짜 약을 복용한 것과 같은 효과를 내는 물질이 분비되기 때문이다. 건강한 것에 감사하고 행복해하는 경우에도 비슷한 메커니즘이 작동한다. 뇌에서 화학물질이 합성되어 진짜로 아픈 것이 낫고 컨디션이 좋아진다. 그러므로 약간 과장하자면, 건강은 머릿속에서 생겨난다고도 말할 수 있다.

Tip

감사의 일기 쓰기

매일, 가급적 잠들기 직전에 감사한 일 세 가지를 적어보라. 처음에는 대체 어떤 일에 감사해야 할지 잘 떠오르지 않을 수도 있다. 하지만 아주 작은 일이라도 충분하다. 누군가가 상냥하게 웃어주었다든지, 식사가 맛이 있었다든지, 일을 제때에 마쳤다든지 등등. 아무 수첩이나 노트북에 '감사일기장'이라고 적고 시작해보라. 얼마 가지 않아 훨씬 더 행복해진 자신을 발견하고 놀랄 것이다!

나를 제일 잘 아는 사람은 나 자신

신체와 정신은 분리되어 있는 것이 아니며 서로 영향을 미친다는 사실은 더 이상 새롭지 않다. 한의학과 인도의 전통 의학인 아유르베다는 바로 이런 인식에 기초를 두고 있다. 그러나 현대 서구 의학은 그간 신체와 정신을 서로 별개의 영역인 것처럼 여겨왔고, 여전히 그런 시각에 기초한 치료가 대세를 이룬다. 그런 시각이 아직도 뇌리에 박혀 있기 때문이다.

하지만 20세기 말부터 이런 세계관에 의문을 갖기 시작하였고, 1990년대 초부터 정신신체의학이라 하여 전체적인 심신상관을 고려하는 움직임이 생겨났다. 그리하여 현재는 그동안의 연구 공백을 메꾸려는 노력이 활발하며, 신체와 정신이 하나임을 보여주는 증거

들도 계속해서 발견되고 있다. 이 책 역시 신체와 정신이 하나임을 전제로 한다. 모든 것은 서로 연결되어 있다.

전문가가 아니라도, 조금 주의 깊게 살피면 우리의 신체와 정신이 정말 긴밀하게 연결되어 있음을 알 수 있을 것이다. 최신 과학 장비들 덕분에 약품이나 건강 보조 식품과 일반적인 식품의 작용 방식을 추적할 수 있게 된 것은 무척 매력적인 일이다. 이와 관련하여 약품의 효과는 언제나 어느 정도 플라시보 효과에 기인하는 것으로 나타났다. 플라시보 효과를 유도하는 약뿐 아니라 일반 약에서도 말이다. 우리는 그 사실을 늘 염두에 두어야 한다.

심리학으로부터 우리는 삶의 위기와 곤경에 세심하게 대처해야 그로 말미암는 힘든 후유증을 겪지 않을 수 있음을 배웠다. 부모님이 돌아가시거나, 이혼을 하거나, 파산하는 등의 굉장히 힘든 상황은 정신을 피폐하게 만드는데, 이런 정신적 충격도 심근경색이나 대퇴골절처럼 적절히 치료해 주어야 한다. 힘든 경험, 나아가 트라우마를 적절히 처리하지 않으면, 정신적 문제뿐 아니라 신체적 후유증도 겪을 수 있다.

정신적 문제는 그 자체로 국한되지 않고, 신체적 문제로 뻗어나간다. 이 메커니즘을 활용할 줄 알면 생각의 힘으로 면역계를 활성화할 수도 있고, 병원균을 방어할 수도 있다. 아이스맨이라는 별명으로 국제적으로 유명한 네덜란드인 빔 호프Wim Hof가 바로 그렇게 하여 학계의 놀라움을 자아낸 바 있다.

빔 호프는 체계적인 추위 훈련에 명상과 호흡 연습을 결합하여 놀라운 능력을 선보였다. 이것은 '빔 호프 호흡법'이라고 알려졌는데, 이 방법으로 빔 호프는 임의로 자율신경계에 영향을 미칠 수 있었다. 그는 얼음물 속에서 장시간 체온을 조절하는 능력을 발휘했는데, 이런 일이 원래는 불가능한 것으로 알려져 있었기에 세간의 호기심을 일깨우며 많은 학자와 의료인 들의 주목을 받았다. 2017년 미시간주 디트로이트 웨인 주립 대학교 연구팀은 빔 호프의 비밀을 캐내고자 연구에 돌입했고, 빔 호프 호흡법을 알지 못하는 열 명의 남성과 열 명의 여성을 대조군으로 선택했다.

연구에 따르면 아이스맨은 신체적으로 남다른 사람이 아니었다. 하지만 특정 기법을 통해—대조군에 속한 사람들과는 달리—빔 호프가 뇌의 특정 영역을 활성화함으로써 면역체계에 영향을 주었다는 것을 확인할 수 있었다. 보통 면역계에는 전혀 개입할 수가 없는데 말이다. 물론 빔 호프는 매우 특별한 경우다. 그러나 보통은 자동으로 돌아가는 자율신경계에 의식적으로 개입하는 것이 원칙적으로 가능하다는 것만큼은 틀림없다!

인정한다. 보통 사람은 빔 호프처럼 할 수 없다. 너무나 많은 고행을 동반하기 때문이다. 하지만 그럼에도 그에게서 힌트를 얻어 일상에서 실천할 수 있는 방법을 저마다 찾을 수 있을 것이다. 무엇보다 면역계가 외부의 자극이나 충격량에 그냥 수동적으로 내맡겨져 있는 건 아니라는 사실을 염두에 두자. 우리 대부분은 면역계를 임의로 작동시킬 수 없지만, 마음가짐을 달리하면 면역계에 상당한 영향을 줄 수 있다.

이런 '지레 작용'은 심혈관계, 호흡, 소화, 운동기관 등 인체의 모든 시스템에서 작용한다. 이 지레를 어디에 댈지를 고민할 필요는 없다. 장기적인 노력이든, 간단히 따라 할 수 있는 쉽고 작은 실천이든 간에, 지레를 댈 수 있는 곳은 도처에 있다. 여기서도 좋은 소식은 '나'를 제일 잘 아는 사람은 바로 자기 자신이라는 것이다. 그냥 자신의 신체에 무엇이 필요한지를 묻기만 하면 된다!

NOTE

빔 호프 호흡법

'그렇다면 대체 그 빔 호프라는 사람은 어떻게 한 거지?'라는 의문이 들 것이다. 그 대답은 그리 복잡하지 않다. 빔 호프 호흡법의 세 가지 기본은 이것이다. 첫째, 특별한 호흡. 둘째, 신체를 극한의 추위에 익숙하게 만드는 것. 셋째, 의지력과 집중력 발휘하기.

더 자세히 들여다보면 빔 호프 호흡법은 기존에 알려져 있던 다른 기법들을 발전, 결합한 것임을 알 수 있다. 그 기본은 툼모Tummo라 불리는 티베트 불교의 명상법이다. 신체 에너지를 열로 바꾸어 내부에서 외부로 향하게 하는 방법이다. 명상을 하는 가운데 추위를 견디게끔 체온을 의도적으로 높이는 동시에 부정적인 생각과 감정을 의식적으로 '태우는' 작업이 이루어진다. 호흡은 심호흡과 숨 참기를 교대로 시행하는데, 일종의 조절된 과호흡이라 할 수 있다.

2014년 한 연구에서 호프가 이를 통해 몸이 염증과 싸울 때 일어나는 연쇄반응을 의식적으로 일으키는 것임을 알아냈다. 스위치를 누른 것처럼 심장박동이 높아지고 추가로 아드레날린이 분비된다는 것이다. 네덜란드 네이메헌 소재 라드바우드 대학교의 피터 피커스Peter Pickkers 교수 연구팀은 호프에게 열, 오한, 두통을 유발하는 내독소(티푸스균이나 콜레라균)를 주입하기도 했는데, 명상과 호흡 연습으로 단련된 호프의 몸이 10분 만에 이런 독소를 물리쳤다. 반면 실험 대상자들은 같은 상황에서 열, 오한, 두통 등의 증상으로 서너 시간을 씨름해야 했다.

빔 호프 호흡법의 세 가지 기본 중 하나는 얼음같이 찬물에 들어가 추위 훈련을 하는 것이다. 이것은 엄청난 극기를 요하는 훈련이다. 이렇게 추위에 노출되는 훈련이 면역력과 건강에 많은 도움을 준다.

빔 호프 호흡법에서 새로운 면은 각각의 구성 요소 자체가 아니라, 그 요소들을 적절히 결합하여 꾸준히 실행하는 것이라 하겠다. 이런 방법이 건강에 유익하다는 것은 학문적으로도 증명되었다. 하지만 대부분은 본격적인 호흡 훈련이나 추위 훈련을 어렵게 느낄 터이므로, 작은 차원, 이를테면 아침에 잠시 찬물 샤워를 하는 정도의 실천도 좋겠다. 더운물과 찬물을 번갈아가며 샤워해도 좋고, 목욕탕에 갔을 때 약간 용기를 내어 냉탕에 들어가 보는 것부터 실행해도 좋다. 빔 호프처럼 효과가 두드러지게 나타나지는 않겠지만, 작은 변화도 장기적으로는 면역계에 긍정적인 영향을 미칠 테니 말이다.

나쁜 신호와 나쁜 습관을 알아차리는 훈련

우리는 건강을 위해 뭔가를 해야 한다는 것과 무엇을 하는 것이 좋을지를 이미 알고 있다. 하지만 대부분 몸이 분명한 경고 신호를 보내기 전까지는 실천을 미룬다. 몸이 신호를 보내면 우리는 더 건강하게 먹고, 신선한 공기 속으로 더 많이 나가고, 수면에도 더 신경을 쓴다. 그러나 이런 노력은 종종 몸이 다시 회복될 때까지만 이어진다. 몸 상태가 다시 좋아지고 나면 다시 예전의 그다지 바람직하지 않은 생활로 돌아가는 경우가 많다. 그러나 자신의 상태에 늘 관심을 갖고, 건강에 좋은 루틴을 만들어둘 필요가 있다. 치료보다는 예방이 좋으니까 말이다. 언제 어떤 행동을 할 필요가 있을지를 조기에 알아챈다면 훨씬 효율적일 것이다.

그러려면 몸이 보내는 신호를 적절히 읽는 법을 배워야 한다. 신체가 별 무리 없이 '돌아가서' 특별한 불편이 없을 때 건강에 주의를 기울이는 것은 도전이다. 이를 위해서는 의식을 내부에 집중시키는 법부터 배워야 하기 때문이다.

질병 예방의 아주 중요한 요소

다행히 이런 가능성을 의식하는 사람들이 점점 많아지고 있다. '마음챙김' 내지 '알아차림' 테크닉이 꽤나 호응을 얻고 있는 것을 보면 알 수 있다. 이런 기법들이 이유 없이 인기를 누리는 것이 아니다. 메타연구(어떤 테마에 대한 기존의 모든 연구를 종합하여 평가하는 연구)는 마음챙김 내지 알아차림 테크닉의 효과를 증명해 준다. 자기 자신과 환경에 주의를 기울이면서 살아가는 사람은 심신이 더 건강하고, 질병을 앓을 확률이 훨씬 낮다.

그런데 '알아차림'이라는 건 대체 무엇일까? 알아차림은 잡념에 빠지거나 지각한 것을 판단하지 않고, 환경·신체·감정을 주의 깊고 분명하게 인지하는 정신 상태를 말한다.

알아차림은 질병 예방에 아주 중요한 요소로서, 부작용을 거정하지 않아도 되는 몇 안 되는 행위 중 하나다. 가령 운동이 좋다고 해도, 너무 과하면 운동기관을 혹사할 수 있는 반면, 마음챙김이나 알아차림은 그런 부정적인 결과를 신경 쓰지 않아도 된다.

예를 들어보자. 무릎 통증을 호소하는 사람 중 다수에서 발이나 무릎의 부정렬증후군이 확인된다. 당사자는 보통 불편함을 느끼기 전까지는 관절에 하중이 고르게 가해지지 않고 있다는 사실을 알지 못한다. 그렇게 수년 혹은 수십 년간 연골이 과도하게 마모되어 결국 무릎 통증으로 이어지는 것이다. 종종 고관절이나 어깨관절에서도 그런 현상이 나타난다. 고관절과 무릎이 많이 마모되거나 장기간의 염증으로 말미암아 제 기능을 못 하게 되면 오늘날에는 마지막 방편으로 인공관절 수술을 하기도 한다.

의학의 발전으로 이런 수술이 탄생한 것은 고마운 일이지만, 수술할 필요가 없다면 두말할 나위 없이 더 좋을 것이다. 자신의 걸음걸이를 자각하고 신체를 정확히 관찰하여 미리 정형외과 의사나 스포츠 의학자와 상의를 한다면, 예방조치를 통해 마모 현상을 줄이고 최상의 경우 수술을 할 필요가 없어질 수도 있다.

컴퓨터 앞에 잘못된 자세로 오래 앉음으로써 발생하는 굽은 등과 거북목 증상도 잘 알려져 있다. 모니터 작업에 온 주의를 쏟다 보면 가슴근육이 오므라들고 어깨가 긴장한 채 앞으로 쏠리며 턱을 앞쪽으로 내밀고 있는 자세를 취하기 십상이다. 그러면 흉추가 심하게 굽어지고, 이런 나쁜 자세가 계속되면 통증이 발생한다. 그러므로 계속해서 자세를 주의 깊게 점검할 필요가 있다. 일을 할 때 자세를 의식하며 '아 지금 거북목 자세를 취하고 있군' 하고 '알아차리면서' 말이다. 그래야 자세를 고치거나 운동을 함으로써 후유증을 막을 수 있다. 4장(운동)에서 이에 대해 더 자세히 살펴보려고 한다. 그래도 먼저 짚고 넘어가고 싶은 것은 계속 같은 자세를 유지하는 게 가장 좋지 않다는 점이다. 가능하면 자세를 자꾸 바꿔주어라. 의식적으로 신체에 귀를 기울이는 사람은 나쁜 습관을 더 빨리 알아차릴 수 있다.

무엇을 하든
리듬을 타야한다

그렇다. 말은 쉽다. 인간은 '습관의 동물'이기에 바람직하지 못한 습관이 오랜 세월 굳어진 경우가 많다. 하지만 그래서 신체를 의식하는 일이 보람 있는 것이다. 알아차림을 통해 건강을 유지하면, 질병을 싹부터 없앨 수 있다.

실제로, 연구에서도 무슨 일을 하든 우리가 의식적으로 임할 때 더 좋은 결과가 나온다고 말한다. 어떤 활동을 하든지 마찬가지다. 그냥 일상적인 일이든, 창조적인 작업이든, 혁신적인 연구든 우리가 주의력과 사고력을 발휘하여 더 의식적으로 임하면 훨씬 좋은 결과가 따른다. 그래서 알아차림이 늙지 않는 공식에서도 중요한 역할을 하는 것이다.

물론 때로 너무 의식해서 일을 그르칠 때도 있다. 인정한다. 평소에 아무 생각 없이 했던 일, 혹은 아주 복잡한 운동은 오히려 주의를 기울일 때 더 안 된다. 평소 잘하던 것인데 누군가의 앞에서 선보이려 하면 갑자기 어색해져 실수한 경험이 모두 있을 것이다. 구불구불한 산길에서 무심코 자동차 운전을 하다가 운전을 의식하는 순간 갑자기 시동이 꺼지는 일이 일어나는 것처럼 말이다.

이렇게 과해지는 경우만 주의한다면 일상에서 알아차림은 전반적으로 긍정적인 효과를 발휘한다. 알아차림이 있다면 운동량을 자연스럽게 늘릴 수 있다. 가령 몸이 찌뿌둥할 때 한 층 위에 근무하는 동료에게 전화를 하는 대신 계단을 올라가 직접 용건을 전달할 수도 있는 것이다. 또는 주의 깊게 자신을 관찰함으로써 자신이 잘못된 움직임이나 자세를 취하고 있음을 깨닫고 그것을 즉각 수정할 수도 있다. 운동을 할 때도 일방적인 움직임으로 인한 근육의 불균형을 의식하고 의도적으로 그것을 바로잡는 운동을 할 수도 있다. 균형 잡힌 운동의 원칙은 언제나 약한 근육을 더 키우고 강한 근육은 덜 훈련하는 것이다. 그래야 건강한 균형에 도달할 수 있다.

의식하는 태도는 건강의 모든 측면에 중요하다. 변화의 출발점이 되기 때문이다. 태도의 변화는 행동으로 이어진다. 이것은 동양의 전통적 사고와 통한다. 전통적으로 업적 지향적이어서 성과를 보려면 늘 '많이' 해야 한다는 분위기가 팽배했던 서구와 달리, 동양에서는 예로부터 존재와 행동의 다른 면으로 보고 명상을 중시했다.

건강을 위해 부지런히 뭔가를 해야 한다는 생각이 들지도 모르지만, 중요한 점은 무엇을 하든 휴식을 충분히 하며 리듬을 타야 한다는 것이다. 물론 건강에 도움이 되는 지식을 습득하여 행동에 옮겨야 한다. 하지만 그와 마찬가지로 중요한 일이 의식하는 상태로 있는 것, 자신과 자신의 신체를 주의 깊게 대하는 것이다. 신체의 신호를 지각하고 해석하는 것, 멈춤과 휴식에 더 많은 시간을 할애하는 것, 긍정적이고 평온한 태도로 살아가는 것. 이런 자세를 통해 늘 행동하고 성취해야 한다는 압박, 모든 것을 제대로 해야 한다는 생각에서 벗어날 수 있다.

NOTE

균형 잡힌 건강한 근육

75세인 나의 아버지는 운동을 좋아하여 피트니스 클럽에 10년 넘게 다녔다. 운동 초기에는 아버지도 많은 사람처럼 복근과 근육이 불균형한 상태였다. 하지만 의식적인 트레이닝으로 아버지는 다시금 너끈히 균형을 되찾을 수 있었는데, 이런 균형은 자신만 느낄 수 있는 것이 아니었다. 실제 근육량 수치도 그것을 말해주고 있었지만, 주변 사람들도 그의 신체 자세가 달라졌음을 한눈에 알아보았다.

운동선수들은 치우친 운동으로 인해 신체가 불균형한 상태가 되는 경우가 많다. 수영, 육상, 테니스 선수는 반복된 훈련으로 특정 부위에 부담을 줄 가능성이 있고, 그러다 보면 자연히 부상의 위험이 커진다. '스위머 숄더Swimmer's shoulder' '테니스 엘보우Tennis elbow' 혹은 '러너스 니Runner's knee' 같은 질병의 이름만 봐도 이런 사실을 알 수 있다. 거의 모든 활동과 마찬가지로 운동도 무조건 많이 하는 것보다는 어떻게 하느냐가 더 중요하다. 직업적으로 하든, 취미로 즐기든 신체의 균형을 의식한 균형 잡힌 운동을 해야 통증과 부상, 후유증을 막을 수 있다.

일상에서 더 많은 알아차림으로 나아가는 연습

1 휴식 시간을 내라

직업 활동과 사적 용무 사이를 끊임없이 오가다 보면 24시간이 모자란다고 생각하는 사람이 많을 것이다. 그래서 우리는 종종 심각한 실수를 범하게 된다. 바로 휴식 시간을 줄이는 것이다. 왜? 그것이 가장 쉽게 시간을 확보하는 길이기 때문이다.

하지만 심신은 규칙적인 휴식이 필요하다. 이것을 명심하라. 긴장 뒤에는 이완이 따라야 한다. 그래야 과부하로 인한 후유증을 예방할 수 있다. 여기서 얼마나 많은 시간을 쉴 것인가는 오히려 중요하지 않다. 그보다 자신의 평소 활동을 고려하여 진정한 휴식을 취할 수 있도록 노력해야 한다. 모니터를 보며 일하는 사람은 정기적으로 먼 곳을 봐주고, 눈을 감고, 눈 근육을 쉬어주어야 할 것이다. 집중적인 작업으로 머리에서 김이 피어오를 것만 같은 사람은 자주 창을 열고 5분 정도 머리를 식혀라. 오히려 그랬을 때 새로운 아이디어가 떠오를 수도 있다. 종일 근무를 했다면 집에 들어가기 전에 어떤 식으로든 잠시 조용히 쉬는 시간을 가져라. 그래야 집에 들어갈 즈음에 마음이 안정되어 집안일과 육아를 감당하거나 아이들 숙제를 도와줄 수 있다.

이 부분을 읽으며 '휴, 그럴 시간이 있으면 얼마나 좋겠어요?'라고 생각했는가? 그런 사람에게는 앞에서 언급한 자연요법 치료사인 세바스찬 크나이프 신부가 한 말을 들려주고 싶다. "건강에 들일 시간이 없는 사람은 나중에 질병에 더 많은 시간을 들이게 된다." 명심하라.

2 규칙적으로 자신의 자세를 점검하라

계속 자세를 점검하는 것을 습관화하라. 습관을 들이지 않으면 쉽게 잊어버린다. 그러므로 처음에는 자세를 점검해야 한다는 사실을 상기하기 위한 여러 수단을 활용하면 좋을 것이다. 컴퓨터 모니터에 작은 포스트잇을 붙여놓을 수도 있고, 핸드폰 알람을 설정해 놓거나, 탁자에 모래시계를 놓아둘 수도 있다. 얼마쯤 지나면 이런 도우미들이 불필요해질 것이다. 규칙적으로 어깨의 긴장을 풀거나 등을 쭉 펴주는 것이 습관이 될 테니 말이다. 해보고 얼마나 좋은지를 느끼면 하지 않을 수 없다. 자세의 변화는 마음에도 영향을 미친다. 몸과 마음이 꿀꿀한가? 몸을 곧추세우고 가슴을 펴라. 고릴라처럼 주먹으로 가슴을 두드려도 좋다. 두려워하지 말라. 사무실에서 그렇게 한다고 해도 누가 뭐라고 할 사람은 없을 것이다. 아무도 그것을 눈치채지 못한다는 보장은 없지만 말이다.

3 신체의 피드백에 민감하라

우리의 신체는 자신의 상태가 어떤지, 무엇이 필요한지를 생각보다 자주 우리에게 이야기해 준다. 다만 우리가 신체의 소리를 무시하거나 다른 것에 더 주의를 기울여 왔을 따름이다. 다른 것들이 더 우리 주의를 끌기 때문이다. 가슴에 손을 얹고 생각해 보라. 목이 바짝바짝 타들어갈 때에야 비로소 물을 마신 적이 얼마나 많았는가? 계속 눈이 감기는데도 텔레비전 앞에 버티고 앉아 있던 적이 얼마나 많았는가? 자신에게 잘해주고, 신체에 다시금 귀를 기울이는 습관을 들여라! 보장하건대 신체는 당신에게 고마워할 것이다.

이 일의 가장 좋은 점은 들이는 노력에 비해 효과가 매우 크다는 것이다! 무엇보다 이런저런 실용서를 읽을 필요가 없다. 명상법이나 마음챙김 혹은 알아차림 강의를 들을 필요가 없다. 일단은 하루를 보내면서 중간중간 자신의 신체에 귀를 기울이며 필요한 것을 느끼는 것으로 충분하다. 내가 목이 마른가? 배가 고픈가? 기지개를 좀 켜고 싶은가? 잠시 눈을 붙이면 새로운 힘이 날 것 같은가?

심호흡을 하고 싶은가? 지금 있는 정신없는 곳에서 물러나 잠시 고요를 누리고 싶은가? 누군가와 이야기를 나누고 싶은가? 이처럼 몸이 보내는 신호에 집중하면 늙지 않는 공식의 모든 요인에 주의를 기울일 수 있다. '들어줌'을 통해 그 모든 요인이 채워질 것이다.

삶의 어떤 측면에 더 주의를 기울일 것인가?

우리는 종종 의식하지 못하지만, 우리가 어떤 사람들이나 집단, 상황이나 사정을 어떻게 평가하는지에 따라 그들에 대한 우리의 반응도 달라진다. 의식이 행동에 영향을 미치는 것이다. 이런 인식을 유익하게 활용할 수 있다.

심리학은 이런 맥락에서 자기충족(자기실현) 예언을 이야기한다. 쉽게 말해, 긍정적인 일이든, 부정적인 일이든 어떤 일이 일어날 거라고 기대하면 정말로 그 일이 일어날 확률이 높아진다는 것이다. 가령 내가 강의를 하러 가면서 잘 해낼 거라고 생각하면, 잘 해낼 확률이 높아진다. 반면 내가 틀림없이 버벅거릴 것이라는 생각으로 단상에 오르면, 정말로 긴장이 더 심해지고, 맥락을 잃어버릴 가능성이 더 커진다.

이것은 늙지 않는 공식과 관련한 우리의 마음가짐에도 그대로 적용할 수 있다. 플라시보 효과의 예에서 언급했듯이 우리의 생각은 신체에 영향을 미친다. 플라시보 효과의 크기는 사람마다 다르겠지만, 어떤 약이나 치료에 대한—전문 의료인이 약을 처방하거나, 치료를 시행했을 경우—믿음만으로도 신체적인 반응이 일어난다는 것은 기정사실이다. 심지어 진통제의 진통 효과 중 9퍼센트 정도만이 진통제 성분의 효과이며, 나머지 91퍼센트는 플라시보 효과에 기인한다고 말하는 미국의 연구들도 있다. 믿음은 산을 옮길 뿐 아니라 우리에게 긍정적인 부작용을 선사한다고나 할까.

자기충족 예언의 힘

생각과 신체 건강의 연관을 보여주는 연구는 이외에도 많다. 미국의 한 연구에서 연구자들은 호텔 객실 청소부들에게 그들의 일이 피트니스 트레이닝을 하는 것과 비슷하다고 이야기해 주었다. 그리고 4주 뒤 검사를 한 결과 이 말을 들은 객실 청소부들은 아무 말도 듣지 못한 대조군보다 건강이 좋아진 것으로 나타났다.

나 역시 연구를 통해 비슷한 것을 확인할 수 있었다. 우리 야콥스 대학교 연구팀은 실험에 참가한 노인들에게 노년의 지능과 능력에 대해 상반된 가설을 전달했다. 세 그룹 중 한 그룹에는 통찰력, 이해력, 문제 해결 능력이 노년에 더 좋아진다고 말해준 반면, 두 번째 그룹에는 이런 능력이 인생 후반기에 대폭 저하된다고 말했다.

세 번째 그룹인 대조군에는 아무 정보도 전달하지 않았다. 이어 모든 참가자는 네 명씩 한 조가 되어 한 시간 안에 주어진 문제에 대해 혁신적인 해결책을 제시해야 했다.

결과는 예상대로였다. 아무런 정보도 듣지 않은 중성적인 대조군과 비교하여 부정적인 선입견을 갖게 된 그룹은 아이디어를 절반밖에 내지 못했고, 긍정적인 선입견을 가지고 임한 그룹은 중성적인 대조군보다 아이디어를 두 배 많이 제시했다. 무려 네 배의 능력 차이를 보인 것이다! 단순히 아이디어의 양에서만 차이를 보인 것도 아니었다. 외부의 심사위원들의 평가 결과 질적으로도 각각의 선입견에 상응하는 차이를 보였다.

또 다른 연구에서 연구자들은 나이 든 우체국 직원들에게, 그들의 통상적인 업무 처리 속도가 일반 직원의 평균보다 7분 더 빠르다고 일러주었다. 이어 업무 능력을 측정했는데, 그들은 실제로 단 4분 만에 업무를 처리하여, 평균 시간보다 40퍼센트나 단축했다. '우리는 나이가 들어서 업무 속도가 느려'라는 마인드셋 대신에 '우리는 경험이 많으니까 더 빨리 일할 수 있어'라는 마인드셋이 효력을 발휘한 것이다.

공업계도 이런 긍정적인 마인드셋이 중요하다는 것을 인지하고 있다. 일례로 자동차 제조업체인 다임러는 나이 든 직원들을 위해 특별히 맞춘 제조 라인을 없애기로 했다. 이런 제조 라인이 도리어 나이 든 직원들의 노화를 촉진하여 업무 능력을 떨어뜨린다는 인식이 대두되었기 때문이다. 그도 그럴 것이, 여러 주 동안 깁스를 하고 있으면 다리가 얼마나 얇아지는지 생각해 보라. 쓰지 않으면 짧은 기간에도 근육이 위축되고 예전 상태로 다시 돌아가기까지 상당한 시간이 걸린다. "쓰지 않으면 녹슨다."라는 말도 있지 않은가.

그래서 다임러는 지나치지 않는 선에서 적극적으로 기량을 발휘하게 만드는 쪽을 택했고, 지금은 예전처럼 젊은 직원과 나이 든 직원이 함께 나란히 서서 일하고 있다. '실버워커'를 바라보는 시선도 변했다. 단순히 '나이'가 아니라 '경험'에 무게가 실리고 있다. 다임러의 전체적인 분위기는 변하였고 결과를 눈으로도 확인할 수 있다. 자기 자신을 새롭게 이해한 덕분에 나이 든 직원들은 더 활기차게 젊은 직원들과 발맞추게 되었고, 나아가 전보다 더 높은 성과를 얻게 된 것이다. 직원 수 약 1만 2500명으로 다임러 소속 공장 중 가장 규모가 큰 브레멘 소재 다임러 공장은 직원의 평균연령이 가장 높음과 동시에 자동차 업계 최대의 생산성을 자랑하고 있다.

부정적인 마인드셋이 우리의 기분과 심신의 컨디션을 저해하고, 자신감과 작업 능률을 떨어뜨린다는 것은 명백한 사실이다. 그뿐 아니라 부정적 마인드셋은 면역계에 부담을 초래함으로써 건강에 해로운 영향을 미친다. 좋지 않은 감정을 무조건 무시하거나 억눌러야 한다는 의미는 아니다. 심리 연구에서 볼 수 있듯 부정적인 감정을 마냥 억누르는 것도 건강에 좋지 않은 영향을 미칠 수 있기 때문이다. 긍정적인 것과 부정적인 것 둘 모두에 관심을 두되, 긍정적인 것에 포커스를 맞추는 편이 건강에 좋다고 하겠다.

마음가짐,
뿌린 대로 거둔다

삶의 긍정적인 면에 더 많은 주의를 기울일 것인지, 부정적인 면에 그렇게 할 것인지는 태도의 문제로서 우리 자신에게 달려 있다. 일상에서 사례를 찾아보자. 고된 근무를 마치고 집에 오는 길, 골목에 딱 하나 남은 자리에 주차를 하려는 순간 어떤 차가 코앞에서 그 자리를 낚아챘다. 당신이 이미 깜빡이까지 넣고 있었는데, 이럴 수는 없다! 이런 뻔뻔함이라니! 이제 당신은 동네를 빙빙 돌면서 주차할 자리를 찾아야 한다. 최악이다! 분노와 스트레스와 짜증이 밀려오고, 이렇게 퇴근 후의 시간이 엉망진창이 된다.

당연히 짜증 날 수 있는 상황이다. 하지만 잠시 멈추고 서너 번 심호흡을 하며, 대신에 당신이 지닌 것들을 눈앞에 그려보면 마음이 조금 누그러질 것이다. 긍정적인 생각을 하고 배우자, 가족, 친구, 지인, 동료 들도 그런 태도로 대한다면, '상호호혜성'을 경험할 수 있다. 상호호혜성이란 인간 행동의 바탕을 이루는 상호성의 원칙으로서, 뿌린 대로 거둔다는 원칙이다. 종종 휴가를 가서 이 원칙을 경험할 때가 많다. 휴가라서 느긋한 기분에 사람들에게 더 친절을 베풀면 십중팔구 사람들도 내게 다정하게 대해준다. 이를 확인해 주는 유명한 실험이 있다. 영국의 자연과학자 프랜시스 골턴Francis Galton은 마인드셋의 영향력을 시험해 보고자, 늘 하던 아침 산책 전에 아주 집중해서 자신이 영국에서 가장 미움받는 사람이라고 생각했고, 이를 완전히 내면화했다. 그러자 아침 산책이 그야말로 재난이 되었다. 사람들은 그에게 부정적인 반응을 보였고, 거칠고 공격적으로 대했다. 그가 결코 잘못한 일이 없었는데도 말이다. 그의 부정적인 기운이 주변 사람들에게 옮겨붙은 것이다. 주변 사람들은 마치 거울처럼 그의 기분을 반사했다.

이런 예는 우리의 마음가짐이 건강과 컨디션뿐 아니라, 삶 전반에 영향을 미친다는 것을 보여준다. 자신에 대해 부정적으로 생각하는 마음("나는 못 해." "아무도 나를 좋아하지 않아." "내가 친구를 사귈 수 있을까?")은 우리 자신은 물론 주변 사람들에게까지 영향을 미친다. 그래서 주변 사람들도 우리를 부정적으로 인식하게 된다. 스스로를 긍정적으로 생각하고 주변 사람들에게 열린 마음과 신뢰로 다가가면, 그들도 그렇게 다가올 확률이 더 높다.

어떤 사람들이 행복하고, 만족스럽고, 성공적이라면, 이것은 상당 부분 마음가짐과 그로 말미암은 행동, 그에 상응하는 반응이 서로 협연한 덕분이다. 사랑, 일, 돈, 그 어떤 것이라도 긍정적인 태도로 임한다면 성공 확률이 더 높아지기 때문이다.

오랫동안 충만한 삶의 비결이 무엇인지에 천착해 온 커뮤니케이션 학자 존 이조John Izzo는 수많은 세미나에서 정말 많은 사람을 만났고, 그중 60세에서 106세에 이르는 200명을 인터뷰했다. 그러고는 그들의 답변을 그의 저서 《오늘은 죽기 좋은 날*The Five Secrets You Must Discover Before You Die*》이라는 책에 담았다. 이 책에서 말하는, 우리가 죽기 전에 반드시 깨달아야 하는 비밀은 다음과 같다.

1. 자신에게 충실할 것
2. 후회를 남기지 말 것
3. 사랑할 것
4. 지금 이 순간을 살 것
5. 받는 것보다 많이 줄 것

삶의 다른 목표들처럼, '행복하고 충만한 삶'도 7가지 봉인된 비밀 문서 중 하나가 아니다. 마지막 비밀인 "주는 것이 받는 것보다 더 복되다."라는 말은 성서에도 나와 있는 말이며, 다양한 실험을 통해 사실로 확인되었다. 실험에서도 어떤 상황에서든 먼저 준 사람이 이어서 더 많이 받는 것으로 나타난 것이다. 이것은 우리의 삶에도 적용된다. 사랑, 지식, 배려 등을 다른 사람과 나누는 사람은 그것들을 더 많이 얻게 되지 않던가.

이런 비밀을 통해 어떤 점을 배워서 늙지 않는 공식과 건강에 적용할 수 있을까? 내가 볼 때 우리가 원하는 것이 행복한 삶이든, 건강이든, 현재 우리에게 주어진 삶의 조건과 상황을 어떤 마음가짐으로 대하는지가 중요하다. 우리는 어차피 많은 것을 바꿀 수 없다. 하지만 어떤 상황을 삶을 방해하는 문제가 아니라 도전의 기회로 보는 사람은 성공적인 삶으로 나아갈 확률이 높아질 것이다.

실패에 대한 두려움은 누구에게나 있다. 하지만 한 가지는 결코 목표로 삼지 말라. '결코 시도하지 않는 것' 말이다.

마음가짐을 긍정적으로 바꾸는 연습

1 자신의 태도를 의식하라

마음가짐과 자세가 행동에 상당히 영향을 미치는데도, 우리는 이것을 보통 무의식적으로 경험한다. 그래서 한편으로는 이런 자세에 그냥 내맡겨져 휘둘린다는 느낌이 들기도 한다. 물론 그렇지 않다. 분명한 점은 마음가짐은 '재고 조사' 없이는 변화하지 않는다는 것이다. 이렇게 물어보라. 나는 자신에 대해 어떻게 생각하는가? 어떤 고정관념을 가지고 있는가? 그것들에 대해 어떤 자세를 가지고 있는가? 특정한 사고방식과 행동 양식이 어디서 오는 것인지 알 때에야 비로소 다음을 깨닫고 결정할 수 있다. 첫째, 무엇을 개선하고자 하는가. 둘째, 왜 개선하고자 하는가. 셋째, 어떻게 개선할 것인가.

2 원하는 태도 변화를 가능하면 구체적으로 표현하라

목표를 정확히 잡을수록 목표에 도달하기 위한 수단과 길을 찾는 것이 쉽다. 그냥 대강 "난 더 건강하게 살고 싶어."라고 하면 마음에

짐만 될 뿐 아무것도 이루어지지 않을 가능성이 크다. 'SMART 공식'을 활용해 목표를 정리하면 도움이 될 것이다. 목표는 Specific, 구체적이어야 한다. "체력을 기르고 경직된 허리를 풀어주기 위해 오늘부터 일주일에 두 번 45분간 수영을 할 거야."라는 식으로 말이다. 또한 목표는 Measurable, 측정 가능해야 한다. 결심을 실행에 옮기고 있음을 어떻게 측정할 수 있을까? 또한 목표는 Attractive, 매력적이어야 한다. 이 일에서 스스로 가장 끌리는 점은 무엇인가? 그밖에 Realistic, 현실적이어야 한다. 가령 "이제부터 매일 하루 한 시간씩 수영을 할 거야."라는 목표는 실천이 거의 불가능하지 않을까? 마지막으로 목표는 Terminated, 기한이 있어야 한다. 시작 시점을 정하고(가장 좋은 것은 오늘!) 언제 중간 결산을 할 것인지도 정하라(이상적인 경우 새로운 행동을 유지하고 있을 것이다).

3 루틴을 개발하라

새로 배우는 것이 기존의 습관을 버리는 것보다 더 쉽다. 그것은 그에 관여하는 신경생리학적 과정 때문이다. 뭔가를 새로 배우면 그것에 동참하는 신경세포 사이에 연결이 생겨난다. 이런 연결을 시냅스라고 하는데, 시냅스는 자주 사용할수록 더 강화된다. 그렇기에 이런 연결을 풀어버리기가 더 어려운 것이다.

아침에 일어나면 한동안 눈을 감고 의식적으로 고요하고 고르게 호흡하라. 그러면서 주의를 안으로 향하고, 발끝에서 머리끝까지 전신을 느끼는 연습을 하라. 아무것도 판단하지 말고 오늘 할 일을 곧장 떠올리지도 말고 생각과 감정을 그냥 자유롭게 놔두라. 그렇게 하면 하루를 편안하게 시작할 수 있고, 부수적으로 몸에서 보내는 신호를 더 강하게 지각할 수 있을 것이다.

4 인내심을 가지고 연습하라

이미 말했듯이 옛 습관을 버리고 새로운 습관을 들이는 데는 시간이 걸린다. 그러므로 한꺼번에, 또는 단시간에 너무 많은 것을 기대하지 말라. 자세 변화에서부터 급하게 서두르고 압박감을 느끼는 건 비생산적일 뿐 아니라 제대로 된 생각을 못 하게 만드는 일이다.

3

(두 번째 공식 : 식사)

먹는 것이 당신을 말해준다

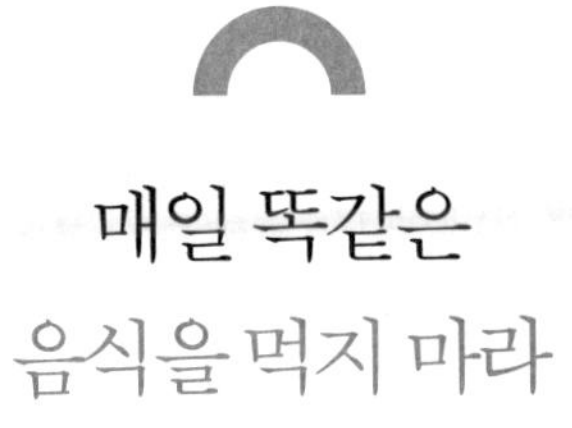

매일 똑같은 음식을 먹지 마라

올바른 영양에 대한 논의가 치열하다. 구석기 다이어트니, 키토식이니, 간헐적 단식이니, 슈퍼푸드니 하면서 여러 매체를 통해 서로 모순되는 식생활과 식이요법이 권해진다. 건강 보조 식품을 섭취하는 것이 허튼 일인지, 아니면 효과가 있는지, 계란과 유제품까지 금하는 비건식이 건강에 좋은지, 유제품과 달걀까지는 허용하는 채식이 좋은지, 아니면 육류까지 골고루 다 먹는 것이 좋은지, 의견이 너무 많이 갈린다. 그러나 어떤 식사법을 우선시하든 변함없는 사실은 인간은 아무튼 먹어야 산다는 것이다.

아침, 점심, 저녁, 세끼에 커피 한 잔, 간식 조금…… 우리는 매일 먹고 마신다. 어떤 때는 많이 먹고, 어떤 때는 덜 먹고, 어떤 때는 배가 고파서 먹고, 어떤 때는 사람을 만나느라 먹고, 어떤 때는 기분이 나빠서, 심심해서, 좌절해서 먹기도 한다. 아무튼 먹지 않고는 살지 못한다.

음식을 먹어야 하는 이유는 음식이 우리에게 크게 두 가지를 해 주기 때문이다. 우선 우리 몸은 영양소를 활용해 신경세포, 혈액세포, 머리카락 세포, 뼈세포 등 우리 몸을 구성하는 세포를 만들거나 재생한다. 두 번째로 음식은 체내의 모든 과정에 필요한 에너지를 공급해 준다. 호흡, 운동, 생각, 소화 등 몸으로 하는 모든 일이 에너지 없이는 불가능하다. 일련의 화학적, 물리적 과정을 통해 신체는 음식 속에서 필요한 성분을 신체가 활용할 수 있게끔 변화시킨다. 이를 신진대사라 부른다.

사과라고 다 같은 사과가 아니다

신체가 처리하는 영양소는 신체에 여러 방식으로 활용된다. 대량 영양소macro-nutrient는 에너지 공급원으로 기능하며, 단백질, 지방, 탄수화물이 이에 속한다. 특정 식품에 얼마나 많은 에너지가 포함되어 있는지는 영양소로 표시된다. 정확히 말해 열량 영양소로 말이다. 열량 영양소는 신체가 활용할 수 있는 에너지로서 정확히는 100그램당 킬로줄kJ의 단위로 제시되며, 보통은 예전처럼 킬로칼로리로 표시하고 있다. 일상에서는 보통 킬로칼로리를 그냥 '칼로리'라고 줄여 말하기도 한다.

식품에는 열량 영양소 외에 질적 영양소도 들어있다. 필수지방산, 비타민, 미네랄 등이 이에 해당하고 미량영양소micro-nutrient라 부른다.

어떤 식품에 어떤 영양소가 얼마만큼 함유되어 있는지 정확하게 확인할 수는 없다. 영양소가 왔다 갔다 하기 때문이다. 특정 식품에 표시된 영양소 함유량은 보통 평균치를 의미한다. 가령 사과만 봐도, 품종에 따라, 재배 지역에 따라, 나무의 위치에 따라, 토양의 영양성분에 따라, 나무에 매달린 위치에 따라—즉 나무의 안쪽에 달려 있는가 바깥쪽에 달려 있는가에 따라—영양 함량이 다르다. 그리고 운송과 보관 조건에 따라 같은 사과라도 100그램당 함유된 칼로리, 프럭토스, 비타민, 미네랄 등이 다 다르다. 우리가 이런 영양성분을 얼마나 잘 흡수하고 활용할 수 있는지는 다시금 우리가 해당 음식을 어떤 형태와 조합으로 섭취하는지에 따라 달라진다. 계속 사과에 빗대자면, 조리하면 좋은 영양소가 상당수 파괴된다. 그래서 사과무스는 사과를 그냥 아작아작 깨물어 먹는 것만큼 건강하지 않다. 한편, 곡물 뮤즐리를 먹을 때 강판에 사과를 갈아 넣으면, 신선한 사과 속 비타민C가 귀리 속에 든 철을 흡수하는 데 도움을 준다.

식료품 포장지에 표시된 영양성분표를 본 적이 있을 것이다. 이 표를 보면 해당 식품에 어떤 영양이 담겨 있는지를 알 수 있다. 가공식품의 경우 법적으로 영양 성분을 표시하도록 규정되어 있다. 영양성분표에는 기본적으로 대량영양소가 내는 칼로리 표시뿐 아니라 비타민, 미네랄(가령 식염), 그리고 다양한 오메가 지방산 같은 미량영양소의 성분이 표시되어 있다. 미량영양소는 신체에 에너지를 공급하지는 않지만, 신진대사에 없어서는 안 될 성분이다. 미량영양소가 없이는 세포가 성장하지 못한다. 혈액, 림프액, 타액, 위액, 눈물, 땀 같은 체액을 만들어내는 데도 미량영양소가 필요하다. 또한 미량영양소는 호르몬과 신경전달물질에 꼭 필요한 성분이다. 호르몬과 신경전달물질은 체세포들 사이의 커뮤니케이션을 가능케 하는 메신저 역할을 한다.

따라서 건강을 유지하기 위해서는 대량영양소와 미량영양소 모두를 충분히, 적절한 비율로 섭취해야 한다. 이것은 언뜻 굉장히 어렵게 들린다. 세상에! 어떤 영양소를 얼마만큼 섭취해야 하는지 어떻게 안단 말인가? 이것은 그 자체로 학문에 속한 일이다! 물론 우리 모두 영양학자가 될 필요는 없다. 정말로 세부적으로 알고 싶은 사람은 영양협회가 제공하는 각종 식품이 함유한 영양소 목록을 참고하라. 하지만 그렇게까지 세밀한 것을 원하지 않는 독자들은 한 가지 규칙만 명심하면 된다. 그것은 매일같이 같은 음식을 먹지 않는 것이다! 건강한 식사의 기본은 우선적으로 여러 음식을 골고루, 균형 있게 먹는 것이다.

내게 맞는 건강한 식생활은 어떤 것일까?

균형 잡힌 영양에 대해 이야기할 때 기본적으로 두 질문이 중요하다. 첫째, 어떤 음식을 얼마나 먹는가? 둘째, 그 음식을 무엇과 함께 먹는가? 어떤 음식들은 궁합이 맞지 않아 함께 섭취하면 서로 영양소 흡수를 방해하고, 어떤 음식들은 궁합이 좋아서 한 식품이 다른 식품의 영양소를 최대한 활용할 수 있게끔 돕는다. 그에 대한 좋은 예는 바로 양질의 기름이다. 샐러드를 드레싱 없이 먹는 사람들이 있다. 이는 지방 섭취를 줄임으로써 총 섭취 칼로리를 낮추는 일이긴 하지만, 동시에 샐러드에 함유된 비타민의 흡수율을 떨어뜨리는 일이다. 신체가 비타민을 잘 흡수하게 하려면 기름에 함유된 영양분이 필요하기 때문이다.

즉 어떤 음식을 얼마나 많이 먹고 마시느냐가 우리의 건강과 컨디션에 직접적인 영향을 미친다. 잠시 뒤 이에 대해 더 자세히 살펴볼 예정이다. 그 전에 먼저 우리가 왜 지금과 같은 식생활을 하고 있을까를 생각해 보자.

우리의 식습관은 어려서부터 형성된다. 어떤 음식을, 어떻게 조리해서 먹으며 성장하느냐에 따라 훗날 식습관의 토대가 달라진다. 가령 아시아에서 자라난 사람은 어려서부터 매콤한 양념을 자주 접한다. 그리하여 성장이 끝난 후에도 매콤한 음식을 좋아한다. 올리브와 멸치를 애용하는 것도 마찬가지다. 스페인에서 자란 아이들은 독일에서 자란 아이들보다 올리브와 멸치를 즐겨 먹을 확률이 높다. 한편, 어려서부터 간이 강한 음식이나 달콤한 음료에 익숙해진 사람은 나이 들어서도 소금과 설탕을 자제하기가 힘들다. 그러므로 아이들에게 레모네이드, 코코아, 사과주스 같은 것을 자주 먹이는 것은 좋지 않다. 갈증은 가급적 물로 해결하는 편이 좋다.

우리는 주변 사람들에게서 어떤 식품이 건강에 좋고, 어떤 식품을 자제해야 하는지, 또 어떤 식품을 먹으면 안 되는지를 배운다. 그리고 음식에 담긴 감정적, 함축적 의미도 함께 배운다. 초콜릿을 먹으면 위로를 얻고, 고기를 먹으면 힘이 난다는 사실을 말이다. 그런 다음 세월이 흐르면서 신문, 잡지, 방송 등 각종 매체나 SNS 등에서 건강한 음식에 대한 정보를 얻는다. 또한 마트나 다른 식품매장이 광고하고 제공하는 식품 정보에도 영향을 받으므로, 여기서 이미 방향을 잃기가 쉽다.

하지만 우리가 확실한 것으로 내면화하고 원칙으로 삼는 많은 것은 경험에 근거하며, 부분적으로는 세대를 뛰어넘어 입증되어 온 것들이다. 그리하여 우리는 건강한 조리법에 대한 지식을 가지고 있다. 가령 탄수화물 공급원인 감자는 익혀 먹는 편이 좋다는 것이 기정사실화되어 있다. 감자를 생으로 먹으면 맛도 없고 소화도 잘 안 될뿐더러, 많은 양을 생으로 먹으면 건강을 해칠 수도 있다. 물론 치명적일 정도로 먹으려면 껍질을 까지 않은 감자 수킬로를 한꺼번에 먹어야 할 것이다. 따라서 적은 양은 생으로 먹어도 전혀 문제가 없다. 오히려 갓 짠 신선한 감자즙은 속이 쓰릴 때나 위염에 좋은 효과를 낸다.

스스로 건강을 책임질 나이가 되어서도 대부분은 어린 시절 식습관에 기초하여 식생활을 하는 경우가 많다. 그러나 때로는 오랫동안 철석같이 믿어왔던 영양 지식이 새로운 학문적 정보로 말미암아 수정되기도 한다. 가령 시금치가 탁월한 철 공급원이니 아이들에게 특히 시금치를 많이 먹어야 한다는, 그간 금과옥조처럼 여겨지던 설은 얼마 전에 발표된 학술 연구 결과를 통해 과장된 것으로 밝혀졌다. 일단 짚고 넘어가자면, 철은 신체가 혈액을 만들어내는 데 필요한 미량원소다. 철이 체세포에 산소와 영양을 공급하는 데 중심적인 역할을 하기 때문이다. 그리하여 성장기, 특히나 한창 근육량이 늘어나는 어린이와 청소년에게 철은 필수적이다. 생성되는 근육세포에 철이 공급되어야 하기 때문이다. 다만 시금치는 우리가 생각했던 것만큼 그렇게 탁월한 철 공급원은 아닌 것으로 드러났다.

알려진 바에 따르면 예전에 시금치의 영양분을 분석하는 부분에서 약간의 실수가 있었다고 한다. 마른 시금치에 함유된 철의 양을 산출한 뒤, 이것을 같은 양의 신선한 시금치에도 적용해 오해를 빚었다는 것이다. 신선한 시금치에는 수분 함량이 높아서 철 함량이 같은 양 기준 마른 시금치의 10분의 1 수준으로 떨어진다. 그러므로 신체에 철을 보충하기 위해서는 붉은 고기, 콩, 견과류, 귀리 등이 시금치보다 더 적합하다.

우리 신체는 동물성 식품에 함유된 철을 특히나 잘 이용한다. 하지만 식물성 식품도 이런 중요한 미량원소인 철을 공급해 준다. 다만 약간 다른 형태로 공급하여, 체내에서 변형시켜 활용한다. 그러므로 무엇보다 채식주의자들은 이때 철 흡수에 영향을 미치는 성분이 있다는 걸 염두에 두어야 한다. 녹차나 홍차, 커피, 레드와인에 함유된 탄닌처럼 철 흡수를 저해하는 성분도 있고, 철 흡수를 촉진하는 성분도 있다. 가령 비타민C를 함께 먹어주면 철 흡수가 더 수

월해진다. 그러므로 점심을 먹으며 오렌지주스를 마시든지, 토마토 샐러드나 생파프리카를 곁들여 먹으면 좋다. 샐러드 드레싱에 레몬즙을 뿌려도 좋고, 뮤즐리에 베리Berry나 키위를 넣어 먹어도 좋다. 그러면 신체가 식물성 식품 안에 든 철을 활용하기가 더 쉬워진다.

시금치의 명예 회복을 위해 한마디 덧붙이자면, 이 모든 점에도 불구하고 시금치는 비타민과 미네랄 성분을 많이 함유하고 있다는 점에서 간과할 수 없는 영양 공급원이다. 따라서 아이들뿐 아니라 어른들도 예나 지금이나 뽀빠이의 힘의 원천인 시금치를 즐겨 먹는 일이 좋다는 것은 분명한 사실이다.

좋다는 음식이 나에게도 무조건 이로울까?

우리 몸에 추천할 만한 음식은 영원불변하지 않고 언제나 재발견된다. 앞서 말한 시금치 전설처럼 잘못된 영양 지식이 밝혀지기 때문만이 아니라, 삶의 환경이 변할 수도 있고, 영양학적 지식이 개선될 수도 있기 때문이다. 하지만 그 누구도 근본 자체를 새로이 고안할 수는 없다. 학문적으로 든든한 토대 위에 정립된, 신뢰할 수 있는 식생활의 기본이 존재하기 때문이다. 나라마다 공인된 협회가 있어 바람직한 영양 섭취를 권고한다. 그러므로 각 개인은 이를 토대로, 자신의 상황을 고려해야 할 것이다. 아이에게 필요한 영양은 노인과 다르며, 운동을 많이 하는 사람과 운동을 하지 않는 사람, 몸을 써서 일하는 사람과 사무실에 가만히 앉아 일하는 사람이 필요한 영양은 각기 다르다. 여기에 추가적으로 비만인지, 제2형 당뇨가 있는지, 대사질환이 있는지, 알레르기가 있는지 등도 고려해야 한다. 가령 과당불내증이 있는 사람이라면 당연히 과당이 없는 과일이나 야채를 섭취해야 할 것이다. 대략 베리, 수박, 자몽, 살구, 복숭아 두 접시와 콩, 양상추나 상추, 오이, 버섯, 브로콜리, 콜리플라워, 사우어크라우트, 호박 세 접시면 비교적 '과당이 적은' 상태에서 전문가들이 권고하는 하루 과일, 야채 다섯 접시의 원칙을 거의 지킬 수 있다.

나는 살루토제네시스를 신봉하며, 이 사실은 의식적인 영양 섭취에도 중요하다. 살루토제네시스가 질병 예방뿐 아니라 건강을 증진하겠다는 목표를 지향한다는 건 이미 언급했다. 영양 권고에서도 질병 예방에 초점이 맞춰지는 경우가 많다. 건강이 양호한, 즉 명백히 아프지는 않은 사람도 여전히 식생활을 통해 자신의 상태를 더 건강한 쪽으로 끌어올릴 여지가 있다고 하겠다.

완전 채식이
건강에 좋을 수 있지만

'영양'이라는 주제에 대해서는 의견들이 정말로 갈린다. 하지만 영양학자들 대부분이 동의하는 일반적인 권고 사항들이 있다.

• 물과 식물성 식품을 영양의 토대로 삼아라

충분한 물을 마시는 것 외에 무엇보다 야채, 과일, 감자, 곡물, 견과류를 식단에 포함해야 한다. 이런 식품은 신체가 필요로 하는 대량영양소와 미량영양소를 공급해 준다.

• 동물성 식품으로 영양을 보충하라

칼슘과 같은 미네랄과 비타민B12 등 필수영양소를 고루 섭취하기 위해 고기, 생선, 우유 및 유제품, 달걀을 적절히 섭취한다.

• 반(半)채식주의가 최상이다

야채와 과일을 많이 먹고, 고기는 적게 먹는 반채식이 현재의 모든 영양 권고 사항의 공통분모다. 의식적으로 그렇게 하기로 결정한 것도 아닌데 이미 그렇게 하고 있다고? 하하, 플렉시테리언이 된 것을 축하한다. 이런 식생활을 하는 사람을 전문적으로는 플렉시테리언이라 부른다. 자연스럽게 이런 식습관을 갖추었다면 하던 대로 하면 된다.

• 소금, 설탕, 지방은 절제할 것

소금, 설탕, 지방은 입맛을 돋우는 데 중요한 세 가지 식품이다. 그렇다 보니 자꾸 이것들을 많이 섭취하게 된다. 게다가 이 식품들은 감정과도 연결되어, 이 세 가지로 맛을 낸 음식들은 위로받는 느낌, 혹은 보상받는 느낌을 선사해 준다. 하지만 바로 이 세 가지 재료가 비만, 제2형 당뇨, 심혈관 질환 등 문명 질환을 유발하는 주범에 속하므로, 절제해서 섭취해야 한다. 스트레스나 부정적 감정은 가급적 먹는 것으로 풀기보다 활동으로 해결하는 것이 좋다. 친구를 만나 수다로 푼다든지, 산책을 한다든지, 이완 연습을 한다든지, 그 외 다른 방법도 찾아보라.

성인이라면, 완전 채식이 건강에 굉장히 좋을 수 있다는 연구 결과가 많다. 하지만 완전 채식을 하려면 영양이 모자라지 않도록 식단을 특히나 세심하게 짜야 한다. 통용되는 기본 식단은 동물성 식품을 어느 정도 포함하고 있으므로, 완전 채식은 쉬운 편이 아니다. 과하지 않는 선에서 적절히 섭취하면 고기, 계란, 요구르트, 우유 등도 모두 건강에 좋다.

생선을 잘 안 먹는 사람이 많은데, 생선은 요오드와 오메가3 지방산의 질 좋은 공급원이다. 하지만 자칫 중금속에 오염된 생선도 있으므로, 인증받은 생선을 섭취하도록 주의해야 한다. 생선을 먹지 않는 채식주의자들이라면 해조유(해조에서 추출하는 기름)를 섭취하면 좋다.

요오드는 체내의 갑상샘(갑상선)호르몬 합성에 도움을 주는 미량원소다. 갑상샘호르몬은 성장을 조절하고, 신경계와 두뇌 발달에 관여한다. 그러므로 태아, 유아, 아동기에 요오드가 부족하면 발달 지연이 나타난다. 성인의 경우는 요오드가 부족하면 흔히 갑상샘비대가 나타난다. 과거 몇백 년간은 바이에른이나 스위스 등 몇몇 지역에서 이런 갑상샘종을 아주 흔하게 볼 수 있었다. 하지만 요즘에는 일반적으로 식염이나, 음료, 바다 생선 등을 통해 요오드를 충분히 섭취하게 되어, 요오드 결핍이 아주 드물어졌다.

오메가3 지방산의 경우도 체내에서 합성이 안 되므로 음식을 통해 섭취해야 한다. 최근에 오메가3 지방산이 오랫동안 생각해 왔던 것만큼 기적의 무기는 아님이 드러났지만, 그럼에도 이것은 생명 유지에 꼭 필요한 영양소로 심장 건강, 시력, 뇌, 정서 안정, 무엇보다 인지 능력에 긍정적인 영향을 미친다. 우리는 장수할 뿐 아니라,

나이 들어서도 총기를 유지할 수 있기를 원하는데, 포화지방산을 삼가고 대신에 불포화지방산, 즉 오메가3와 오메가6를 충분히 섭취하는 사람은 이런 측면에서 잘하고 있는 것이다. 생선 외에도 호두, 아보카도, 식물성 기름(콜드 프레스 착즙한 것이 가장 좋다)이 양질의 불포화지방산 공급원이다.

건강한 식사를 위해 기억해야 할 것들

1 가까운 지역의 제철 농산물을 활용하라

봄이 제철인 과일을 한겨울에 먹을 필요는 없다. 아보카도는 맛있고 영양분이 많지만, 수입 식품이다 보니 기나긴 운송 경로를 거친다. 가까운 산지에서 생산되는 제철 식품을 우선적으로 활용하는 것은 환경에 좋은 일이다. 게다가 공급 경로가 짧을수록 야채, 과일이 더 신선할 뿐 아니라 영양소 면에서도 멀리에서 온 식품보다 우수할 때가 많다. 그러므로 수입 식품 구입을 줄이고 지역 식품으로 대체하여 섭취하라. 오메가3 지방산은 수입산 치아시드에도 있지만, 국내산 아마인(아마씨)에도 그에 못지않게 함유되어 있다. 남아메리카 열대우림에서 생산되는 아사이베리에 항산화 성분이 많이 들어 있다고 하지만, 국내에서 만날 수 있는 블루베리나, 포도, 아로니아 등에도 항산화 성분이 풍부하다. 이런 식품이 항산화 작용을 하는 것은 안토시아닌이라는 파란 식물성 색소 덕분이다. 하지만 안토시아닌만 항산화 작용을 하는 것이 아니고 아연, 셀레늄, 비타민

C·E·B2 및 식물의 2차대사로 말미암아 합성된 성분도 항산화 작용을 한다. 이들 모두가 체세포의 '산화 스트레스'를 줄이고, '자유라디칼'을 무력하게 만듦으로써 질병 발병이나 노화를 지연시킨다. 그러므로 야채와 과일을 골고루 챙겨 먹으면 다양한 항산화 성분을 섭취할 수 있고, 신체가 자유라디칼을 잘 처리할 수 있도록 도울 수 있다.

양질의 단백질 및 철 공급원을 찾아 역시나 먼 나라에서 온 퀴노아를 먹으려 한다면, 그냥 기장을 넣어 밥을 지으면 된다. 그리고 아보카도 대신 호두를 먹으라. 호두에는 아보카도보다 불포화지방산이 더 많이 들어있다.

2 가공식품 및 인스턴트식품 섭취를 줄이라

역시나 기본적인 원칙은 가공이 많이 된 것일수록 건강에 좋지 않다는 것이다. 이것은 전 세계의 여러 연구를 통해 익히 증명되었다. 인스턴트 감자튀김이나 냉동 양배추롤 같은 식품은 긴 이송 과정 중 형태가 망가지지 않게 하기 위해, 또 데운 다음에도 맛을 내게끔 하기 위해 여러 첨가제가 들어간다. 그렇다고 오늘부터 당장 집밥만 고집하며 매끼 신선한 재료로 음식을 만들어 먹으라는 이야기는 아니다. 그러기가 쉽지 않은 사람들이 많을 것이다. 음식 솜씨도 필요하지만, 시간과 돈도 더 들여야 한다. 그럼에도 이런 원칙을 늘 염두에 두고 가능하면 자연적인 식품을 애용하길 바란다. 특히나 비만으로 말미암아 질병에 대한 우려가 있는 사람들은 가공식품 섭취를 되도록 줄여야 한다.

중년을 넘기면 젊은 시절보다 여유 시간이 더 많이 생기지만, 음식을 하고 싶은 의욕은 저하되는 경우가 많다. 게다가 어떤 음식들은 꽤 많은 양을 한꺼번에 조리해야 맛이 나는데, 나이 든 사람은 양도 그리 많지 않고 입맛도 떨어지고, 에너지 필요량도 감소해서 그런 음식을 조리할 엄두가 나지 않는다.

나이 들어 혼자 사는 경우도 다반사다. 하지만 식사는 단순한 영양 섭취 이상의 문제이므로 혼자 사는 경우라면 주변에서 적극적으로 식사 파트너를 구해보면 어떨까? 이웃에 함께 혹은 교대로 음식을 할 수 있는 사람을 찾아보라. 사별하고 혼자된 이웃 친구든, 예전 직장 동료든, 맞은편에 사는 싱글맘이나 싱글파파든 간에, 주변에 찾아보면 갓 만든 음식을 함께 먹을 수 있는 사람들이 있을 것이다. 그렇게 하면 이중으로 건강에 플러스가 될 수 있다. 식사의 질을 높일 수 있을 뿐 아니라, 식사를 하며 사회관계를 맺을 수 있는 것이다. 사회관계가 과소평가되는 경우가 많은데, 늙지 않는 공식에서 어엿이 독립된 요소를 이룰 만큼 중요한 측면이다.

3 '라이트' 식품은 되도록 삼가라

언뜻 건강에 도움이 될 것처럼 홍보하는 식품은 특히나 주의가 필요하다. '저지방'을 의미하는 '라이트'라는 꼬리표는 상당히 매혹적이다. 그러나 이런 라이트 식품은 사실 건강에 그리 좋지 않다. 지방은 오랜 세월 건강에 나쁘다는 오명에 시달렸다. 하지만 이제 우리는 지방이 건강에 좋지 않다고 싸잡아 말할 수 없음을 알고 있다. 최근 연구에서 지방이 비만을 불러온다든가, 심혈관 질환이나 제2형 당뇨 같은 성인병의 주범이라는 낙인은 굉장히 부당하다는 사실이 드러났다. 팜유나 라드, 기타 동물성 지방이 혈액 수치에 부정적인 영향을 미치고 동맥경화와 심근경색 등 노인성 질환을 유발할 수 있다는 데는 논란의 여지가 없다. 그러나 대신에 카놀라유, 호두기름, 올리브유 등에 풍부히 함유된 불포화지방산은 우리 몸에 필요한 필수지방산이다. 불포화지방산은 세포 신진대사의 중요한 요소다. 불포화지방산은 체내 합성이 되지 않는데, 생존에 꼭 필요하므로 음식물을 통해 섭취해 주어야 한다.

방금 언급한 식물성 기름 외에도 견과류와 생선에 불포화지방산이 들어 있다. 올리브유를 드레싱으로 활용한 신선한 샐러드, 간식으로 견과류 약간, 또는 구운 연어 한 조각은 주요 영양소를 공급해 주는 놀라운 음식들이다! 아침으로 요거트에 신선한 베리와 약간의 아마인유를 첨가해 먹으면 부족함이 없을 것이다.

이런 지식이 이젠 새로운 것도 아닌데, 실생활에 적용되기가 참 힘든 것 같다. 그리하여 아직도 많은 사람이 '저지방'이라는 말에 더 건강한 느낌을 받으며, 마트 매대에서도 이러한 제품들이 건강에 유익한 것처럼 홍보되고 있다. 그러나 저지방 식품이 더 건강한 대안이 되는 경우는 극히 드물다. 맛을 돋우는 지방을 빼는 대신 설탕이나 소금, 혹은 다른 감미료를 더 첨가한 경우가 대부분이다. 그렇다 보니 결과적으로 섭취 칼로리가 그다지 줄지 않은 데다 몸에 좋지 않은 첨가물만 잔뜩 먹는 셈이 되어버린다.

4 조리는 되도록 단순하게 하라

식품 속에 함유된 여러 소중한 영양소가 파괴되지 않도록 조리는 되도록 단순하게 하는 것이 좋다. 가능하면 짧은 시간에 익히라. 사실 그래야 본래의 맛도 더 손실되지 않는다. 직화로 굽거나 튀긴 음식을 과도하게 즐겨서는 안 된다. 그런 방식으로 음식을 만들다 보면 높은 온도와 재료가 만나 아크릴아미드처럼 건강에 해로운 물질이 생성되기 쉬우며, 이런 물질을 다량 혹은 계속 섭취하면 건강에 상당한 위험을 초래한다.

5 여유를 가지고 느긋하게 식사하라

허겁지겁 먹어서는 안 된다. 다른 일을 하면서 곁다리로 급하게 먹지 말고 천천히 꼭꼭 씹어 먹으라! 소화는 입에서 시작된다. 이빨로 음식을 잘게 쪼개는 동안 침이 분비되기 때문이다. 침은 음식을 삼키는 것을 수월하게 해줄 뿐 아니라 박테리아로 음식을 분해한다. 그밖에 간과하기 쉬운 것은 식사를 시작한 지 비로소 15~20분 뒤에야 비로소 포만감이 느껴지기 시작한다는 사실이다. 그래서 너무 급하게 먹다 보면 이미 배가 부를 정도로 먹었는데도 그것을 깨닫지 못하고 계속 먹게 된다. 천천히 먹고, 잘 씹으면서 시간적 여유를 가지고 식사를 하면 식사 시간이 더 즐겁고 소화도 덜 잘 될 것이며, 체중 유지에도 도움이 될 것이다.

설탕과 소금은
적은 것이 많은 것

먹을거리가 넘쳐나게 된 이후로 먹고 마시는 일은 단순히 배고픔과 목마름을 달래는 일 이상이 되었다. 뭘 먹고 마시는지는 이제 도덕적 문제인 동시에 라이프 스타일의 문제다. 먹을거리와 관련한 사회적, 감정적 측면이 점점 중요성을 더해가고 있다. 식품의 선택사항도 폭이 넓어져, 우리는 자연스럽게 가장 맛있어 보이는 것을 고른다. 어떤 맛을 가장 좋아하냐고 물으면 대부분 '단맛'이나 '짠맛'을 좋아한다거나 혹은 '단짠'을 좋아한다고 할 것이다. 이런 선호로 말미암아 우리는 음식에 설탕이나 소금을 과도하게 첨가하곤 한다. 소금을 '하얀 금'이라 칭했고, 설탕이 값비싼 럭셔리 식품에 속했던 옛날에는 소금과 설탕을 더 먹고 싶어도 그럴 수 없었지만, 오늘날 두 식품 모두 공장에서 대량생산되면서 가격이 아주 저렴해졌으므로 누구나 손쉽게 구할 수 있고 마음껏 사용할 수 있다. 게다가 단맛과 짠맛을 선호하는 사람들이 많다 보니 식품 회사들이 재료의 질이 떨어지는 것을 맛으로 감추기 위해 음식에 설탕과 소금을 듬뿍 집어넣는 경우가 다반사다.

소금을 과도하게 섭취하면 심혈관 질환에 걸릴 위험이 커진다는 건 기정사실이다. 나이가 들면 가뜩이나 심혈관 질환이 빈발한다는 점도 감안해야 한다. 가공식품이나 완제품 식품은 대부분 정말 간이 세다. 그러나 유감스럽게도 이런 맛에 이미 길들어 그런 식품들이 얼마나 짠지를 잘 느끼지 못하는 경우가 많다. 며칠 집에서 손수 조리를 해 먹다가 봉지 속에 든 인스턴트 수프를 먹으면, 불쾌할 정도로 간이 세다는 사실에 놀랄 것이다.

소금은 너무 적게 먹는 것도 몸에 좋지 않으므로 적절히 섭취해야 한다. 소금은 신체의 수분 대사를 조절하는 데 중요한 역할을 한다. 따라서 혈관과 내장에 염분이 부족해지지 않도록 하자. 나이 들수록 우리 몸이 염분 부족에 유연하게 반응하지 못하기 때문이다.

하루에 필요한 염분은 어느 정도일까? 세계보건기구의 소금 섭취 권장량은 성인 기준 하루 5~6그램으로 티스푼 하나 정도에 해당한다. 통계적으로 독일의 경우 성인 1인당 평균 소금 섭취량이 9~10그램으로 소금을 과도하게 섭취하고 있는 것으로 나타났다. 만약 눈에 띄게 갈증을 느끼지 못하고 있다면, 자신이 하루에 소금을 어느 정도 섭취하고 있는지 비판적으로 살펴볼 일이다. 소금 섭취량이 너무 적은 경우 신체는 더 이상 목마르다는 신호를 보내지 않기에 수분 섭취가 줄어들 우려가 있다.

과도하게 섭취했을 경우 소금보다 더 안 좋은 것이 바로 설탕이다. 사실 설탕은 먹지 않는 게 거의 불가능에 가깝다. 설탕은 가히 모든 곳에 들어 있다고 할 수 있을 정도다. 무심코 먹는 식품들에도 설탕이 많이 들어 있는데, 가령 피클 병에 붙은 첨가물 목록을 한번 보라. 설탕이 여러 질환의 발병을 촉진한다는 이유로 세계보건기구는 설탕을 하루 25그램 이상 섭취하지 않을 것을 권고하고 있다. 25그램은 다섯 티스푼에 해당하는 양이다. '어라, 적지 않네?' 라는 생각이 드는가? 하지만 우리가 알게 모르게 먹는 설탕이 얼마나 많은지 알면 놀랄 것이다. 오이 피클 한 병에는 무려 400그램의 설탕이 들어 있다!

주의해야 할 것은 식품 첨가물 표에는 '설탕'이라는 말이 잘 등장하지 않는다는 사실이다. 보통 글루코스시럽, 덱스트로스, 슈크로스, 유청분말, 탈지분유, 엿기름 추출물, 아가베 시럽 등이 표기되어 있을 것이다. 흠, 별로 나쁘게 들리지 않는다고? 천만에! 이들 모두 설탕과 비슷한 당이다.

우리가 가공식품에 당이 얼마나 많이 들어있는지 잘 인지하지 못하는 것은 너무나 그 맛에 익숙해졌기 때문이다. 곳곳에 설탕이 들어 있는데, 그것을 잘 느끼지 못하고 무심코 먹는다. 그뿐만 아니라, 우리가 단맛에 익숙해질수록, 식품에는 더 많은 설탕이 들어가게 된다. 그래야 단맛이 확 느껴지니까 말이다.

설탕이건 소금이건 건강을 생각해서 적당히 섭취할 필요가 있다. 음식을 맛있게 먹고 싶은데 어떡하냐고? 입맛을 포기하지 않고도 설탕과 소금을 줄일 수 있다. 허브와 다른 양념들을 적절히 사용하면, 설탕과 소금을 적게 쓰고도 맛을 낼 수 있기 때문이다. 설탕 대신 꿀을 넣어도 되고, 계피나 바닐라를 조금 첨가하는 것으로 보완할 수도 있다. 여러 가지 방법으로 실험을 해보라. 설탕과 소금을 약간 덜 쓰고도 분명 맛있게 먹을 수 있을 것이다!

NOTE

설탕 VS 지방

이미 이야기했듯이 우리는 지난 수십 년간 당보다 지방이 우리 몸에 더 나쁘다는 잘못된 사실을 믿어왔다. 하지만 이제 많은 연구를 통해 그 반대라는 걸 알게 되었다. 영양학자 존 유드킨John Yudkin은 1957년에 이미 당을 많이 섭취하는 것이 심장질환 및 제2형 당뇨를 촉진한다는 연구 결과를 발표했다. 그는 자신의 저서에서 설탕을 많이 먹는 식습관이 얼마나 위험할 수 있는지에 대해 강하게 경고를 했다. 당시 그 예언적인 책은 금방 사장되었다가 요즘 다시 재출간되었다.

유드킨의 이름이 금방 잊히고, 오늘날에 이르러 비로소 설탕의 문제성이 드러나게 된 까닭이 무엇일까? 그건 당시 제당업계의 로비 때문이었다. 설탕이 비만과 심혈관 질환의 주범으로 확실히 지목되면 제당 산업에 타격이 있을 것은 불 보듯 뻔한 사실이었으므로 제당업계가 반격에 나선 것이었다. 그들은 파격적으로 연구를 지원하는 대가로 저명한 학자들을 그들 편으로 끌어들였고, 여러 광고와 캠페인을 동원하여 유드킨의 연구 결과를 무마하고, 설탕이 아닌 다른 식품을 건강을 해치는 주범으로 부각시키는 데 주력했다. 바로 심장질환의 원인이 설탕이 아니라 지방이라는 연구 결과를 발표하게 만든 것이다. 우리가 지금까지도 지방, 정확히 말하면 포화지방산 섭취를 죄악시하게 된 이유가 이것이다.

이렇듯 돈으로 매수된 연구자들의 연구 결과는 1980년대 초에 많은 나라의 입법에 반영되었고, 이에 근거하여 국제적인 영양 권장량도 정해졌다. 동시에 저지방 내지 무지방 식품들이 전세계 마트의 진열대에 범람하게 되었다.

유드킨은 자신의 연구로 말미암아 정말 값비싼 대가를 치러야 했다. 그의 명성은 추락했고, 그의 연구는 신뢰받지 못했으며, 지방이 문제라는 새로운 합의에 이의를 제기하는 동지들을 찾을 수 없었다. 마땅히 의심을 품었어야 했음에도 말이다. 이제 유드킨의 경고가 옳았음이 분명해졌다. 그러나 '달콤한 독'은 너무나 오랫동안 개선 행진을 해온 나머지 맛을 돋우는 감미료로서, 빵이나 파이 같은 음식의 속을 채우는 재료로서 많은 가공식품과 음료에 절대 빠질 수 없는 존재가 되었다.

무엇을 얼마나 마실 것인가

자, 이제 먹는 것의 짝꿍을 살펴볼 차례가 되었다. 바로 마시는 것 말이다. 기본 원칙은 먹는 것과 비슷하다. 여기서도 무엇을 얼마나 마실 것인지에 주의해야 한다! 술은 말할 것도 없고 당분을 많이 함유한 음료는 최대한 절제해야 한다.

보통 성인 몸의 60퍼센트가 물로 이루어진다. 우리 몸은 하루 평균 2~3리터를 배설하므로, 균형 잡힌 수분 대사를 위해 당연히 그 정도의 수분을 공급해 주어야 한다. 독소를 체외로 배출하고 혈액 순환을 촉진하고, 체내에서 호르몬과 영양소를 운반하기 위해 물이 필요하다.

물은 하루에 약 1.5리터를 마시면 충분하다. 음료 외의 식품에도 수분이 들어 있기 때문이다. 물론 날씨가 너무 덥다든지, 신체 활동을 했다든지, 운동한 다음이라면 사정이 다르다. 땀을 흘릴수록 수분을 더 많이 보충해 주어야 하기 때문이다.

이상적으로는 물이나 차 같은 달지 않은 음료로 갈증을 해결하는 것이 좋다. 그러고 싶지 않은 사람은 레모네이드 한 잔 속에 얼마나 많은 설탕이 들어가는지 의식해야 할 것이다. 시럽을 탄 커피, 차, 과일주스도 당 함량이 많으니 주의를 요한다. 사과주스 한 컵은 그냥 쉽게 마셔버리기 일쑤지만, 그것만 해도 예닐곱 티스푼의 당이 함유되어 있어, 하루 권장량을 그 한 잔으로 몽땅 섭취하게 될 수 있다. 그러므로 마시는 일에 상당히 의식적으로 임해야지만 당을 과다 섭취하지 않을 수 있다.

독일영양협회에 따르면 커피나 차에 설탕 대신 인공감미료를 넣으면 연간 총 2만 3360칼로리를 절약할 수 있다. 이것은 지방조직 양으로 따지면 3킬로그램에 해당한다! 그러나 설탕 대용으로 사용할 수 있는 인공감미료가 우리의 몸과 건강에 어떤 영향을 미치는지 아직 많이 알려져 있지 않으므로, 좀 불편하지만 장기적으로는 달지 않은 음료에 익숙해지는 편이 좋겠다. 이런 음료는 얼마든지 즐겨도 된다.

라이트 드링크도 추가적으로 들어가는 색소나 향료, 인공감미료 때문에 추천하지 않는다. 좀 싱겁게 느껴지더라도 그냥 물을 마시는 것이 몸에 수분을 공급하는 가장 건강한 방법이다. 물에 은은한 향미를 더하거나 변화를 주기 위해 라임주스를 조금 타서 희석하거나, 신선한 민트 잎을 띄우거나, 오이 몇 조각 혹은 사과 몇 조각을 넣어 마시는 것도 좋은 방법이다.

그건 그렇고, 평소 목이 마를 때까지 기다렸다가 물을 마시는 편인가? 그때는 이미 늦은 것이다. 갈증을 느끼는 것은 신체가 급하게 수분 보충이 필요하다는 뜻이기 때문이다.

Tip

어떻게 마실까?

1. 달지 않은 음료를 하루 동안 골고루 나눠 마시라

신체에 수분이 원활하게 공급되고, 신장에 무리가 가지 않는다.

2. 하던 일을 잠시 멈추고 수분을 보충하는 습관을 들이라

늘 자신의 필요에 귀를 기울이라. 이런 알아차림은 유쾌한 부수적 효과를 가져온다. 배고픔과 갈증이 비슷하게 표현되기에 많은 사람이 이 두 신호를 서로 헷갈려 한다. 그래서 사실은 목이 마른 건데도 뭔가를 자꾸 먹는다. 작지만 섬세한 차이에 주의하면, 덜 먹고 충분히 마실 수 있다.

3. 하루 수분 필요량을 채우라

하루 1.5리터 정도의 물을 마시라고 하는데 쉽지 않다는 사람이 많다. 특히 나이 든 사람들은 종종 힘들어한다. 탈수 증상이 오지 않도록 예쁜 유리병에 물을 담아 잘 보이는 곳에 올려 두라. 그러면 물을 마셔야 한다는 사실을 더 잘 상기할 수 있을 것이다.

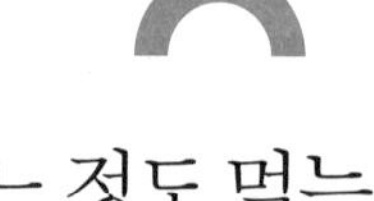

어느 정도 먹는 양이 적당할까?

이제 우리는 건강에 도움이 되는 식생활에 대해 많은 것을 알고 있지만, 그래도 영양학은 아직 대략적인 접근밖에는 내어놓지 못하는 실정이다. 건강에 영향을 미치는 요인들과 상호작용이 너무나도 다양하고 복잡하게 얽혀 있기 때문이다. 서로 궁합이 맞지 않는 식품도 있고, 사람에 따라 알레르기를 유발할 수 있는 식품도 있으며, 식품에 대한 반응도 사람마다 다르다. 알콜에 대한 반응만 봐도 그렇지 않은가. 어떤 사람은 포도주 한 잔만 마셔도 이미 혀가 꼬부라지는 데 반해, 어떤 사람은 그 정도쯤은 끄떡도 없다. 여기서도 습관, 체질, 컨디션 등이 중요한 역할을 한다. 식품을 어떤 형태로 섭취하는지도 중요하다. 가령 갈색그물버섯이라는 약용 버섯은 생으로 먹으면 독성이 있지만, 익히면 식용으로 맛있게 먹을 수 있다. 또한 특정 음식의 성분이 다른 음식의 효능을 배가하기도 하고 억제하기도 한다.

몇백 년 전 파라셀수스의 명언, "용량이 독을 만든다."라는 말은 백번 맞는 말이다. 실제로 한 가지 음식만 과도하게 먹으면 탈이 나기 마련이다. 오랜 기간에 걸쳐 바나나를 폭풍 흡입함으로써 혈당치가 높아져 회복되지 않은 사례도 있고, 홍차를 과도하게 마셔서 신장이나 뼈에 무리가 온 사례도 있다. 물론 대개 한 가지 음식을 몸에 이상이 올 정도로 과도하게 먹기는 힘들 것이다. 그 전에 그 음식의 이름만 들어도 속이 안 좋아질 정도로 진절머리가 나게 될 테니 말이다.

한 가지 음식을 과도하게 섭취하는 것이 좋지 않음을 증명하는 사례는 얼마든지 있다. 건강한 식습관, 건강에 해로운 식습관이 있을 뿐, 그 자체로 건강한 먹을거리도 없고, 건강에 해로운 먹을거리도 없다는 것이 영양학계의 일반적인 견해다. 그러나 식습관에 관해 한 가지는 확실히 말할 수 있다. 편식하지 말고 골고루 먹어야 한다는 것이다. 골고루 먹되, 가족력이 있거나, 특별히 소화가 안 되는 음식이 있거나, 알레르기를 유발하는 음식이 있는 특수한 상황이라면 위험한 음식들을 잘 피해 섭취하면 될 것이다.

단백질, 지방, 탄수화물을 너무 많이 섭취하거나 너무 적게 섭취하는 것은 체내의 에너지 대사에 영향을 미친다. 먹고 마심으로써 신체에 에너지를 과도하게 공급하거나 지나치게 적게 공급하면—그에 대한 가장 극명한 효과로—늦든 빠르든 저울에서 그 영향을 확인할 수 있을 것이다. 그런데 어느 정도가 적당한 양일까?

남은 음식이 아까워서,
심심해서, 먹는다면?

그간의 연구 결과를 한마디로 말하자면, 우리는 오랫동안 생각했던 것보다 훨씬 더 적은 칼로리를 필요로 한다는 것이다. 1960년대에 우주비행사 교육에 참여하기도 했던 러시아 신경외과 의사 갈리나 샤탈로바Galina Shatalova는 채식을 베이스로 하여 하루 400~500칼로리 정도만 섭취하면 충분하다는 연구 결과를 내놓았다. 보통 사람들은 그 정도만 먹으라고 하면 불가능하다고 혀를 내두르겠지만, 샤탈로바는 스스로 그것이 가능함을 보여주었다. 1980년대에 당시 70세가 넘은 샤탈로바는 여러 명의 자원자와 함께 그 정도의 적은 칼로리만 섭취하는 가운데 건강에 전혀 무리가 없이 사막 횡단 여행을 성공적으로 마친 것이다.

그러나 이런 극단적인 칼로리 감축은 가능하면 아주 제한된 기간에 끝내야 한다는 것이 현재 영양학계의 일반적인 견해다. 모든 사람이 그런 적은 칼로리로 건강을 유지할 수 있을지 아직 증명이 안 된 상태이기 때문이다. 칼로리를 대폭 줄인 식단은 아주 균형 있게 구성한다 해도 장기적으로는 영양실조가 나타날 수도 있다. 그 밖에도 그렇게 칼로리를 줄이려면 신체에 미량영양소가 부족해지기 쉬우므로, 우리가 어떤 미량영양소를 얼마나, 어떻게 섭취해야 하는지 방대하고 세부적인 지식이 필요하다. 그밖에 그런 식사 방식이 삶의 질을 떨어뜨릴 수 있다는 점도 고려해야 한다.

처음 며칠 간은 샤탈로바를 따라 소식할 수도 있겠지만, 늦든 빠르든 결국 기권하고 말 것이다. 샤탈로바가 주장하듯 그런 식사로 말미암아 150살까지 살 수 있을지도 모른다고 해도, 또는 작가 눈 아멘라Nun Amen-Ra가 주장하듯 심지어 더 오래 살 수 있을지도 모른다고 해도 말이다.

그럼에도 이런 연구 결과들은 하루에 에너지 필요량을 약간 더 세심하게 고려할 필요가 있음을 보여준다. 필요 칼로리의 양은 개인마다 다르다. 나이, 키, 체격, 몸무게, 신진대사, 건강 상태, 활동량, 심적 부담 등이 필요한 에너지의 양에 영향을 미친다. 그런데 이 모든 것을 고려할지라도, 한 가지 분명한 것은 보통 우리가 칼로리 필요량을 너무 높게 잡고 있다는 사실이다.

독일영양협회는 보통 체중에 신체 활동을 적게 하는 51세에서 64세 사이의 성인 남성은 하루 약 2200칼로리, 여성은 1700칼로리가 필요하다고 본다. 65세부터는 남성의 하루 필요량이 100칼로리가량 줄어든다. 보통 한 사람이 먹는 1인용 냉동 피자 한 판으로 너끈히 1300칼로리를 섭취할 수 있음을 생각하면, 얼마나 빨리 필요량을 초과하여 섭취할 수 있을지 감이 올 것이다. 칼로리 표를 한번 훑어보는 것만 해도 전체를 조망하는 데 도움이 된다. 그리고 식사를 하면서 종종 몸에 귀를 기울여 보라. 내가 아직도 배가 고픈가? 아니면 접시에 아직 음식이 남아있기에 계속 먹는 것인가? 아니면 불필요하게 심심해서 먹는 것일까? 의식적으로 식사를 하는 것은 미각적 즐거움을 높여줄 뿐 아니라, 적게 먹는 데도 도움이 된다.

신체를 위한 짧은 휴가

때로 절전모드로 전환하는 것으로부터 신체가 엄청난 유익을 얻는다는 것은 동물 실험에서도 여러 번 증명되었다. 쥐들의 경우 심지어 생명 연장의 효과가 나타났다. 레서스원숭이를 대상으로 한 두 장기 연구에서는 생명 연장 효과는 관찰할 수 없었지만, 칼로리를 줄인 식사를 한 원숭이들이 나이 들어 더 건강한 것으로 나타났다. 기대했던 대로, 당뇨와 심혈관 질환 발병 비율이 더 낮았고, 특정 암에 걸리는 비율도 낮았다.

물론 동물 실험 결과를 인간에게 무작정 적용할 수는 없다. 그럼에도 장기간 칼로리를 약간 줄인 식사를 하는 것이 건강에 좋다는 데에는 의심할 여지가 없다. 여기서 오해하지 말아야 하는 점은 이를 악물고 칼로리를 계산해 가며 고행하듯 하는 건 별 의미가 없다는 것이다. 그러면 오히려 스트레스를 받아 더 안 좋을 수 있다. 무조건 굶는 것이 아니라, 우리는 풍족한 가운데 살고 있으며 때때로 조금 절제하는 것이 건강에 좋다는 사실을 의식하는 편이 나을 수 있다.

한껏 먹은 뒤에 얼마나 몸이 무겁고 굼뜨고 피곤하게 느껴졌는지 한번 상기해 보라. 신체가 소화하는 데 얼마나 많은 에너지를 필요로 하는지를 생각하면 놀랄 일도 아니다. 소화에 에너지를 쓰면 뇌를 비롯한 다른 장기에 쓰일 에너지가 부족해진다! 따라서 섭취 칼로리를 줄이는 일이나 단식은 어느 정도 신체에 휴가를 주는 일이라 할 수 있다.

신체에 연소할 수 있는 양보다 더 많은 에너지를 공급하는 것은 경우에 따라 신체에 더 많은 유해물질을 공급하고 부담을 주는 일이다. 이로 인해 양분과 영양소가 충분히 빠르게 흡수되지 않을 뿐 아니라, 노폐물도 완전히 처리되거나 재활용되지 못한다. 이렇게 신체가 처리하지 못한 물질들은 보통은 산소 교환이 이루어지는 체세포와 혈관 사이의 조직에 축적되어 공간을 점유하거나 막곤 하는데, 그렇게 되면 산소가 세포에 도달하지 못한다. 몇몇 의사들은 이런 과정이 당뇨, 심혈관 질환, 암 같은 질병의 발병을 촉진할 수 있다고 본다. 따라서 먹는 양을 적절히 조절하는 것이 좋다.

Tip

음식을 먹는 순서

한 걸음 더 나아가, 영양소를 어떤 형태로, 어떤 조합으로 섭취하는지도 중요하다. 샐러드에 든 영양소는 양질의 식물성 기름과 조합하면 영양가가 더 높아진다는 이야기는 앞에서 이미 했다. 그 외는 이어지는 음식 궁합 내용(115쪽)을 참고하면 좋을 것이다.

음식을 먹는 순서도 중요하다. 많은 사람이 '어차피 뱃속에서 다 섞이겠지'라고 생각하는데 현실은 섞이는 것이 아니라 차곡차곡 쌓이는 것이다. 그리하여 우리가 마지막으로 먹은 음식은 가장 마지막에 소화된다. 이것에 왜 관심을 가져야 하느냐고? 단백질, 탄수화물, 지방이 체내에서 서로 다른 속도로 소화되기 때문이다. 그래서 가장 빨리 소화되는 음식물을 가장 먼저 먹는 것이 좋다. 과일처럼 수분 함량이 높은 식품이 그에 속한다.
예를 들어 설명해 보겠다. 많은 사람이 건강에 좋은 과일을 식후에 먹는다. 과일을 먹기 전에 감자 그라탕과 고기 같은 것을 먹는다. 그러면 이것들이 가장 먼저 소화된다. 하지만 육류(단백질)는 소화되는 데 가장 오래 걸리며, 감자(탄수화물)는 두 번째로 오래 걸린다. 그런 다음 정말 오래 걸려 과일 '차례'가 오는데, 그땐 이미 과일이 발효된 상황이라 속이 불편해지거나 기타 소화 상의 문제들이 유발될 수 있는 것이다.
그러므로 습관이 되지 않아 조금 이상하게 느껴질지라도, 가장 먼저 과일을 먹고 그다음으로 야채를, 이어 감자나 밥 같은 탄수화물을 먹고 마지막에 고기를 먹는 것이 좋다. 그러면 소화가 더 잘 될 것이다.

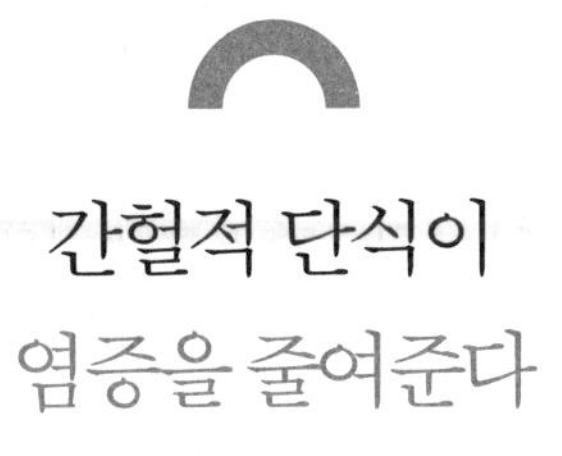

간헐적 단식이 염증을 줄여준다

건강한 식사, 칼로리를 줄이는 것과 관련하여 간헐적 단식이라는 말을 들어보았을 것이다. 간헐적 단식이란 일정한 시간 간격을 두고 되풀이하여 음식을 먹지 않는 것이다. 간헐적 단식에는 보통 두 가지 방법이 있는데, 한 가지는 하루 24시간을 16:8의 리듬으로 나누어, 열여섯 시간 동안 단식을 한 다음 이어서 남은 여덟 시간 동안 평상시처럼 먹는 것이다. 또 한 가지 방법은 일주일을 5:2 리듬으로 나누어, 5일간은 일반식을 하고, 2일간은 허용된 적은 양의 칼로리만 섭취하는 것이다. 이때 이 2일은 연속된 이틀이 아니고, 서로 떨어져 있어야 한다.

인간의 몸은 예로부터 주기적으로 많이 먹지 않고 견디는 데 익숙해져 있었다. 옛날에는 자연적인 생활 조건에 따르다 보니 당연히 풍성하게 먹을 때가 있고, 먹을거리가 부족해서 먹지 못하는 때가 있었다. 그러던 것이 현대 산업사회에 들면서 먹을거리가 연중 내내 풍성해졌고, 주기적 단식이 자연스럽게 이루어지지 않게 되었다. 우리 몸은 여분의 에너지를 만들어 비축했다가 필요할 때 소모하는 능력이 있다. 또한 에너지 소모량을 줄여서도 살아갈 수 있다. 에너지 공급이 잘 되지 않는 이런 '난관'이 얼마나 오래 지속될지 알지 못하기 때문이다. 이런 조처로도 충분하지 않거나 영양소 공급이 오랜 시간 이루어지지 않으면, 신체는 원래는 피하고 싶은 과정에 돌입하게 된다. 대체 에너지원이 없다 보니 근섬유를 구성하는 단백질을 신진대사의 에너지원으로 활용하는 것이다. 따라서 간헐적 단식은 제한된 시간 동안, 반복적으로 신체에 비축된 에너지를 활용하게 하되, 신진대사 자체가 느려지거나 근육이 손실되는 것은 방지하는 트릭이다.

간헐적 단식은 이런 방식으로 많은 다른 다이어트에서 간신히 이루어낸 성과를 단시간에 깡그리 무너뜨리는 요요 현상을 막는다. 하지만 여기서는 다른 면이 더 중요하다. 단식을 하는 동안 신체가 염증 억제 물질을 분비하거나, 체내에서 염증을 유발하고 그것을 유지시키는 전달물질인 염증 매개 물질을 덜 생산하도록 하는 생화학적 과정을 작동시키는 것이다. 간헐적 단식이 건강에 좋은 이유가 바로 이것이다. 대부분의 질병과 노화 과정이 염증반응에 기초하고 있기 때문이다. 그러므로 체내의 염증을 줄여주는 것이라면 무엇이든 기본적으로 건강과 활력에 도움을 주는 것이라고 하겠다. 그 밖에도 간헐적 단식은 성장호르몬 분비를 대폭 증가시킨다. 성장호르몬이 무엇보다 근육을 만들고, 체지방의 분해를 촉진하기 때문에 운동을 통해 근육을 키우고 싶은 사람들은 이런 효과에 특히 관심이 많을 것이다.

동물을 대상으로 한 실험들에서는 규칙적이고 계획적인 간헐적 단식이 기대수명을 높이고, 성인병 발병 위험을 감소시키는 것으로 드러났다. 동물의 세계를 조금 더 살펴보면, 섭취 칼로리를 줄이는 것이 수명에 영향을 미친다는 암시를 더 많이 발견할 수 있다. 칼로리 공급이 적으면 신진대사가 느려진다. 가령 악어 중에 앨리게이터는 아주 조용한 생활 방식으로 말미암아 신진대사가 느린 나머지 친척인 크로커다일보다 수명이 두 배나 길다. 거북은 더 오래 살아서 약 200살까지도 산다. 이렇게 수명이 긴 이유는 신진대사가 단연 느리기 때문이다. 신진대사는 모든 생물의 성장을 담당하며, 심장박동의 영향을 받는다. 심장이 빨리 뛸수록 대사가 빨라지고, 노화도 빨라진다. 여기서 영양 공급과 느린 소화가 결정적인 역할을 한다. 많은 종의 거북이는 여러 달을 먹지도 마시지도 않고 지낸다. 섭취한 영양을 느릿느릿 소화시키는 데다 거의 움직이지도 않기 때문이다.

언제나 그렇듯이 동물계에서 관찰한 것이나 동물 실험 결과를 인간에게 그대로 적용할 수는 없다. 하지만 간헐적 단식이 인간의 몸에도 긍정적으로 작용하지 않을까 하는 희망은 꽤 근거가 있다. 가령 그동안에 간헐적 단식이 우리 체세포와 결합조직의 재생도 촉진하는 것으로 입증되었다.

2019년 위벌링엔의 부힝거-빌헬름 병원에서 1422명을 대상으로 시행된 간헐적 단식에 대한 연구도 간헐적 단식에 여러모로 긍정적인 효과가 있음을 증명해 주었다. 이 연구에서 간헐적 단식으로 인해 지방조직에 저장되어 있던 에너지가 사용되고, 지방이 연소되며, 여러 혈액 수치가 개선되는 것으로 나타났다. 이것은 관절염, 제2형 당뇨, 고혈압 같은 질환의 경감과 의미 있는 체중감소로 이어진다. 논문 저자들은 "전체적으로 볼 때 이런 특별한 단식 프로그램은 비교적 실천하기가 어렵지 않은 방법으로서, 성인병 예방과 비만 및 만성 대사 장애 치료에 탁월한 효과를 발휘할 것으로 보인다."고 결론을 내렸다. 단, 간헐적 단식을 시도하려면 현재 건강 상태가 양호해야 할 것이며, 그렇지 않은 경우는 의사와 상의하여 시행해야 할 것이다.

건강은
배를 통해 온다

요즘은 못 먹고 사는 사람이 별로 없다 보니 음식을 잘 먹지 못해 영양실조가 오는 경우는 드물다. 대신에 우리는 이제 오히려 너무 과식하는 습관에서 비롯되는 문명 질환들과 싸워야 한다.

너무 많이 먹고 있음은 대부분 몸무게에 반영된다. 걱정스레 저울을 내려다본 경험이 없는 사람이 얼마나 있을까? 예방 차원이건, 추후 조치건 간에 남아도는 살과 싸우려는 사람은 보통 식품별 영양성분표를 참고하게 된다. 이는 의미 있어 보이는 일이다. 어떤 식품의 칼로리가 얼마인지를 알면, 필요량을 초과하지 않도록 식단을 짤 수 있기 때문이다. 하지만 이 일은 보기보다 간단하지 않다. 우선 하루 에너지 필요량이 약 2000칼로리라 하여도, 사람마다, 상황마다 많이 차이가 난다. 노인을 돌보는 일을 하며 매일 거동이 불편한 노인을 씻기고, 입히고, 휠체어를 밀고 산책을 하는 등 신체적으로 에너지가 많이 필요한 일을 하는 사람과 온종일 모니터 앞에 앉아 있는 IT 업계 근무자의 에너지 필요량은 상당히 차이가 날 수밖에 없다.

두 번째로, 개인적인 필요량을 잘 안다 해도 순수한 칼로리 계산은 그리 많은 도움이 되지 않는다. 같은 열량이라도 어떤 음식을 통해 섭취하는지, 열량의 구성이 어떻게 이루어지는지에 따라 많은 차이가 나기 때문이다. 시중에서 구입한 포테이토칩 한 봉지를 먹는 것과 건강한 뮤즐리나 야채 구이를 먹는 것은 열량이 같아도 같은 섭취가 아니다. 포테이토칩에는 건강한 영양성분이 부족해 '카우치 포테이토족'을 늙어 보이게 할 뿐 아니라, 가공식품이다 보니 트랜스 지방 같은 성분들이 들어가 그 자체로 건강에 해로울 수밖에 없다. 또한 같은 감자라도 조리법에 따라 에너지 함량이 달라진다. 감자를 삶아 소금을 찍어 먹는 것과 버터에 볶아 먹는 것, 그리고 튀겨 먹는 것에 열량 차이가 크게 난다는 것은 당연한 사실이다.

따라서 영양성분표에 표시된 열량 수치는 신중하게 받아들여야 한다. 같은 에너지라도 체내에서 아주 다르게 활용될 수 있기 때문이다. 가령 신체는 잼을 바른 토스트에 들어 있는 에너지를 재빨리 활용할 수 있다. 그 안에 포함된 당질은 '사슬이 짧아서' 빠르게 흡수되며, 신체는 이런 '빠른 당'이 들어오면 당을 체세포에 운반하기 위해 인슐린 수치를 급격히 올린다. 하지만 근육과 장기는 그렇게 빠르게 반응할 수 없으므로, 여분의 에너지가 지방세포에 저장된다. 이에 반해 같은 양의 칼로리를 갖는 귀리 오트밀은 긴 사슬로 되어 있어서, 서서히 에너지로 전환되므로 인슐린 수치가 급격히 올라가지 않으며, 신체는 한층 여유를 두고 에너지를 이곳저곳에 활용할 수 있다.

자가포식의 메커니즘

오랫동안 사람들은 음식을 적은 양씩 자주 먹는 것이 좋다고 생각해 왔다. 그래서 과일과 야채의 하루 분량을 다섯 접시로 나누어 먹는 것이 좋다고 일반적으로 여겨졌다. 하지만 최근 인식의 변화가 있었다. 양질의 음식을 적절히 배합해 먹는 일과 더불어 음식을 섭취하는 시점도 중요하다는 사실을 깨닫게 된 것이다. 식사 간격을 벌려서 규칙적으로 먹으면 음식을 섭취하지 않는 휴지 시간에 신체는 소위 키토제닉ketogenic 모드, 즉 케톤체를 생성하는 모드로 전환되는데, 이것이 건강에 이로운 효과를 낸다는 것이다. 특히 신체는 탄수화물을 이용할 수 없을 때 케톤체를 많이 생성한다. 외부로부터 에너지 공급이 없으면 신체는 스스로 당을 만들어내기 시작하는데, 이런 당이 가공식품에 들어 있는 당보다 더 건강에 좋다. 이것은 우리의 세포를 보호해 주고, 체내의 복구 시스템을 더 강하게 가동시킨다.

이와 함께 공복 상태에서는 자가포식(자가 소화작용)이 실행되기 시작한다. 세포생물학자 오스미 요시노리大隅良典는 효모 배양에서 이런 현상을 발견하여 2016년 노벨의학상을 받았다. 오스미는 원래 세포가 단식으로 말미암아 영양을 공급받지 못할 때 어떻게 대처하는지, 즉 생존에 중요한 분자들을 만들 만한 단백질이 충분히 없을 때 무슨 일이 일어나는지를 규명하고자 했다. 그러고는 이런 경우 체세포들이 손상된 분자나 세포기관 등 자신의 일부를 제거하여 에너지를 얻는다는 걸 발견했다. 자가포식은 스스로를 소화시킨다는 뜻이다. 이렇게 자가포식이 실행되고 남은 조직들은 다시 건강한 새 조직의 토대가 된다. 이런 재활용 메커니즘이 세포로 하여금 체내의 물질을 효율적으로 활용하도록 하는 것이다.

우리가 아플 때 자가포식 현상은 고조된다. 그래서 우리는 배고픔을 느끼지 않게 되는 것이다. 이런 현상에는 두 가지 이유가 있다. 첫째, 신체가 소화에 들어갈 에너지를 절약한다는 것. 둘째, 신체가 복구에 전력을 다하는 가운데 이미 쌓아놓은 물질을 최대한 활용하려고 한다는 것이다. 영양 공급이 제대로 되지 않아도 오랫동안 견딜 수 있는 것은 바로 신체가 영양소, 비타민, 미량원소를 충분히 오랫동안 저장해 놓을 수 있기 때문이다.

자가포식은 면역계의 중요한 톱니바퀴로서 체내의 염증 과정과 긴밀히 연결되어 있다. 자가포식은 염증에 의해 활성화되고 조절되며, 반대로 염증의 회복에도 관여한다.

자, 정리해 보자. 간헐적 단식과 그로 말미암은 자가포식은 신체의 염증을 줄여주어 질병과 노화를 예방해 준다. 우리는 의식적인 식생활로 이를 뒷받침할 수 있다.

음식 궁합을 따져보는 연습

1 시금치 & 파프리카

시금치는 파프리카 혹은 토마토와 함께 먹으면 좋다. 파프리카와 토마토에 들어 있는 비타민C가 철을 더 잘 활용할 수 있도록 도와준다.

2 토마토 & 올리브유

잘 익은 토마토가 빨간색을 띠는 것은 토마토에 함유된 라이코펜이라는 색소 때문이다. 라이코펜이 우리 눈만 즐겁게 만드는 것은 아니다. 지용성 색소 성분인 라이코펜은 자유라디칼을 중화하는 강력한 항산화 성분으로 세포를 보호하고 면역력을 높이는 소중한 영양소다. 토마토와 모차렐라 치즈로 샐러드를 만들거나 토마토를 파스타 소스로 사용할 때는 양질의 올리브유를 곁들이면 최상이다. 올리브유 같은 기름과 만나면, 라이코펜의 체내 흡수율이 훌쩍 올라가기 때문이다.

3 강황 & 후추

항염증 성분인 커큐민이 풍부하게 들어 있는 강황을 카레 등의 음식으로 즐겨 섭취하는 편인가? 강황을 먹을 때는 후추를 뿌려 먹는 것이 좋다. 후추에 함유된 피페린 성분이 커큐민의 체내 흡수율을 자그마치 열 배에서 스무 배까지 높여주기 때문이다.

4 녹차 & 레몬

녹차 역시 염증 억제 효과로 유명하다. 그런데 녹차는 레몬과 함께 섭취하면 더 좋다. 레몬이 녹차에 함유된 항산화 성분의 흡수율을 높여주기 때문이다.

5 캐러웨이!

서구에서 사랑받는 향신료인 캐러웨이에 주목하라. 캐러웨이에 함유된 휘발성 오일 성분이 소화를 도와 경련, 복부팽만 등의 증상을 줄여줄 뿐 아니라 항균 작용까지 한다. 그러므로 소화가 잘 안 되는 음식에 캐러웨이 향신료를 곁들이면 여러모로 효과를 볼 수 있을 것이다!

6 초콜릿 & 칩

같이 먹으면 좋지 않은 식품도 있다. 저녁에 텔레비전을 보면서 초콜릿을 갉아 먹을 생각이라면, 거기에 칩 한 봉지를 곁들일 생각은 말라. 알다시피 당은 인슐린 분비를 촉진하는데, 거기에 칩의 지방까지 더해지면 당이 세포로 운송되지 않고, 지방은 지방세포로 가게 될 것이다.

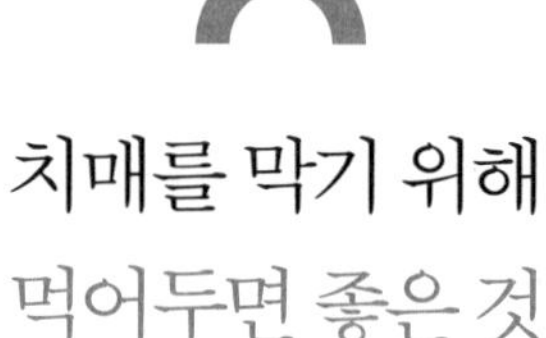

치매를 막기 위해 먹어두면 좋은 것

나이 들어서는 활동성 문제가 중요하게 대두된다. 그런데 운동 외에 식생활도 활동성에 중요한 영향을 미친다. 부상이나 마모 현상만이 활동성에 제한을 초래하는 것은 아니다. 열이 나고 감기몸살이 심할 때 계단을 오르거나 앉았다 일어나는 것조차 힘들어지는 경험을 누구나 해봤을 것이다. 침대에 누워 며칠을 보낸 뒤 걸으려 하면 몸이 굳은 것처럼 무릎이 휘청거린다. 물론 몸살이 다 나으면 이런 증세는 자연스레 회복된다. 그러나 나이 들면서 나타나는 미세한 많은 염증은 본격적으로 활동을 제한하는 장기적인 장애를 초래한다. 이런 염증들은 잘 깨닫지 못하게 가물가물 타올라 심혈관 질환에서 제2형 당뇨, 암에 이르기까지 여러 질병을 유발한다.

일반적으로 염증이라 하면 우리는 자연스레 병균이 외부에서 침입했을 때 신체가 보이는 면역반응을 떠올린다. 이것은 우리 면역계의 아주 정상적인 반응이다. 침입한 병균과 싸우기 위해 특수한 체세포들이 준비되고, 특정한 전달물질의 도움으로 활성화된다. 그러나 나이 들면서 우리 몸은 이런 전달물질을 점점 더 많이 분비한다. 그리하여 세포들은 말하자면 영원한 면역반응 가운데, 일종의 염증 상태 가운데 있게 되고, 이런 상태는 장기적으로 질병을 유발한다.

이미 설명했듯이 이것을 염증 노화라고 부른다. 골다공증, 죽상동맥경화증, 관절염도 염증 노화로 유발된다고 보고 있다. 그러므로 노화에 한 방 먹이려면, 신체의 염증 과정을 최소화하거나 예방하는 것이 바람직하다고 하겠다.

여기서도 식습관이 운동 및 사회관계와 마찬가지로 중요한 역할을 한다. 의사들은 항산화 성분이 풍부한 식생활을 하라고 권한다. 이미 언급했듯이 항산화 성분이 염증을 억제하기 때문이다. 염증 노화를 막을 수 있는 식품의 목록은 길다. 야채, 과당이 적은 과일, 견과류, 생강, 고추, 강황 같은 식품에도 항산화 성분이 많다. 거꾸로 말하자면 설탕, 밀가루 음식, 육류는 체내에서 정말로 '방화범' 같은 존재다. 그러므로 가능하면 식단에 이들을 적게 등장시켜야 한다.

지중해식
식단의 핵심

치매는 발병하는 데에 있어 염증이 특별한 역할을 하는 질병이다. 치매를 통해 외부의 영향과 시간적 영향이 우리의 심신에 얼마나 큰 흔적을 남기는지 알 수 있다. 태어날 당시 인간의 뇌 무게는 약 300그램이다. 그러다가 스무 살쯤 되면 네 배 정도 늘어서 약 1300그램이 된다. 이후 60년간 뇌 무게는 다시 10퍼센트 이상 줄어든다. 그 밖에 뇌를 구성하는 물질의 배합도 달라진다. 뇌스캔을 통해 뇌가 나이가 들면서 물질을 잃어가는 것을 관찰할 수 있다.

이것은 기본적으로 자연스러운 변화지만 수명이 점점 늘어나면서 문제가 됐다. 즉 옛날에 인간들은 뇌 변화를 겉으로 느낄 수 있을 정도로 오래 살지 않았다. 하지만 점차 고령화사회가 되면서 치매로 고생하는 사람들이 점점 늘어나 결국 사회문제가 되고 있다.

치매의 발병도 잘 알려진 원칙을 따른다. 빗방울에 바위가 패이듯, 오랫동안 살면서 반복하는 작은 잘못들이 모여서 어느 순간 건강을 해치는 것이다. 치매의 원인은 아직 다 규명되지 않았다. 여러 다양한 위험 요소들이 어떻게 합쳐져 작용하는지 아직 잘 알지 못한다. 하지만 확실한 점은 치매는 뇌의 염증과 결부되는데, 염증은 의도적으로 억제할 수 있다는 것이다. 늙지 않는 공식의 요소인 마음가짐, 식사, 운동, 수면, 호흡, 이완과 휴식, 사회관계를 고려하며 살아가는 사람은 잘하고 있는 셈이다. 먼저 식생활에 집중해 보자.

건강에 이로운 동시에 일상에서 능률을 높여주는 식생활을 연구하는 영양학자 마틴 크로이처Martin Kreutzer와 안네 라센Anne Larsen은 염증의 촉진과 억제 정도에 따라 식품을 다섯 단계의 피라미드로 분류했다. 피라미드의 가장 아랫부분에는 베리류, 배추, 생선, 올리브, 허브 같은 항염증 식품이 위치한다. 세계에서 가장 건강한 식사법의 하나로 알려진 지중해식 식단에는 이런 음식들이 많이 포함된다. 지중해식 식단에는 알칼리성에 칼로리가 적은 식품이 많이 포함되어 있으며, 비타민과 미량원소가 풍부하게 들어 있다. 우리가 좋아하지만, 체내의 염증을 부추기는 역할을 하는 달콤하고 기름진 패스트푸드와 알콜은 크로이처와 라센의 음식 피라미드의 가장 꼭대기 층에 위치한다.

치매가 발병하는 메커니즘은 여전히 미궁 속에 있을지라도, 식생활을 개선하여 치매 발병률을 낮출 수 있으며, 무엇보다 야채, 과일, 생선, 탄수화물을 위주로 한 지중해식 식단이 치매 예방에 좋다는 사실에는 의심의 여지가 없다. 그리고 여기서 무엇보다 다음과 같은 점이 중요한 역할을 한다.

- 면역력 활성화

  과일과 야채 속 비타민은 면역계가 무리 없이 기능하도록 해준다.

- 신경세포 보호

  과일과 야채 속 항산화 성분은 신경세포들이 무엇보다 자유라디칼에 손상되지 않도록 해주며, 생선 속 오메가3 지방산은 뇌 신경세포 사이에 의사소통이 활발하도록 도와주고 염증을 억제한다.

- LDL 콜레스테롤 수치 조절

  LDLLow Density Lipoprotein 콜레스테롤 수치가 높으면 심혈관 질병 발병 위험이 커진다. 그래서 이는 '나쁜 콜레스테롤'이라 불린다. 올리브유 속의 불포화지방산은 이런 콜레스테롤 수치를 낮춰주는 데 도움이 되며 빵, 국수, 쌀, 감자 속에 든 탄수화물도 그런 역할을 한다.

- 호모시스테인에 대한 방패: 호모시스테인은 아미노산의 일종으로 혈액 속의 호모시스테인 농도가 높을수록 치매 발병 위험이 커진다. 초록 채소와 콩에 있는 엽산이 호모시스테인 농도를 감소시켜줌으로써 치매뿐 아니라 심근경색 발병 위험도 줄여준다.

Tip

항산화 성분이 많은 음식

항산화 성분에서 유익을 최대로 얻고자 한다면, 채소와 과일이 풍부한 식단으로 항산화 성분을 섭취하는 것이 좋다. 항산화 성분은 무엇보다 과일과 야채에 많이 들어 있으니, 다음 식품을 즐겨 먹으라.

- 녹색 채소
- 블루베리, 레몬, 사과
- 토마토, 당근, 감자, 브로콜리, 배추, 옥수수
- 견과류, 기장, 치아시드, 아마인
- 자연산 연어
- 허브, 파, 마늘, 생강, 강황

우유와 고기는
내 몸에 좋을까 해로울까?

의견이 많이 갈리는 질문이다. 우선 짚고 넘어가고 싶은 것은 이 책에서 나는 도덕적, 윤리적 논쟁을 할 생각이 없다. "동물을 죽이면서까지 고기를 먹어야 하는가?" "육류를 섭취하기 위한 대량 사육으로 말미암은 여러 문제를 그냥 무시해 버릴 것인가?" 이런 문제를 논하는 것은 이 책의 몫이 아니다. 진화적인 관점에서 보면 인간들은 채식 위주의 식생활을 했던 것이 틀림없다. 우리 선조들의 식단에서 고기는 '잡식동물'로서 생존 확률을 높이고 단시간에 더 많은 에너지를 얻기 위해 예외적으로 섭취하는 식품이었다. 연구자들은 육류 속에 함유된 단백질이 진화생물학적으로 뇌 발달에 도움이 되었을 것이라고 추측한다. 하지만 치아시드 같은 씨앗, 클로렐라와 스피룰리나 같은 조류 등 단백질이 육류보다 더 많이 함유된 식품들이 있다. 그러므로 조금만 신경을 쓰면 영양상의 문제가 없이 채식을 할 수 있으며, 육류를 섭취하지 않는 식생활의 장점에서 유익을 얻을 수 있다.

고기를 먹지 않는 식생활의 장점은?

2019년 여름에 나는 세계적으로 유명한 칼리스데닉스Calisthenics(맨몸운동) 전문가인 도미니크 스카이Dominik Sky에게 가서 세계 운동 선수들과 함께 트레이닝을 할 기회가 있었다. 턱걸이, 스쾃(스쿼트), 윗몸일으키기 등 자신의 몸무게를 이용한 운동이 주를 이뤘고, 난도를 단계적으로 높여갈 수 있게 되어 있었다. 훈련 참가자 대부분이 나보다 훨씬 젊고, 맞춤 트레이닝 프로그램에 더 많은 시간을 투자한 사람들이었음에도, 나는 그들과 더불어 매일의 훈련을 소화하는 데 어려움이 없었다. 내가 그럴 수 있었던 것은 두 가지 요인 때문이었던 듯하다. 우선은 내가 두루두루 운동을 해주는 데 익숙해져 있었다는 것이고, 두 번째로는 신체의 능률을 올려주는 채식 위주의 건강하고 균형 잡힌 식생활을 하고 있었다는 것이다.

서서히 트렌드가 채식 위주의 식생활로 옮겨가고는 있지만, 여전히 치즈와 참치 등 동물성 단백질 중심의 식생활을 하고 있는 운동선수들이 많다. 트레이닝 캠프의 참가자들도 그러했다. 하지만 프로스포츠계에서는 훈련 프로그램뿐 아니라 식단에도 굉장히 신경을 쓰는 경우가 많아졌다. 그리하여 식단의 대부분을 염증을 억제하는 식품들로 구성하며, 염증을 촉진하는 것이 명백한 식품은 금기시한다. 프리미어리그에서 뛰는 축구선수 중 하나는 내게 자신의 구단에서는 우유와 유제품을 아예 식단에서 빼버렸다고 말했다.

우유 등 동물의 젖이 비판적인 시선을 받아온 것은 최근의 일이 아니다. 그렇다 보니 우유와 체내 염증 간의 상관관계를 지적하는 연구도 한둘이 아니다. 그러나 여러 식품과 마찬가지로 우유 역시 좀 차별화하여 말해야 한다. 가령 뮌헨의 루드비히 막시밀리안 대학교의 연구에 따르면 우리가 시중에서 일반적으로 만나는 멸균 혹은 살균 우유는 염증을 촉진하는 데 반해, 살균하지 않은 원유는 면역계를 더 강화해 주는 것으로 나타났다.

이것은 살균한 우유는 병을 유발할 수 있는 미생물을 죽이기 위해 원유를 단시간 가열하는 과정을 거쳤기 때문이다. 해로운 미생물을 죽이는 것은 바람직하게 들리지만 그 과정에서 우리에게 유익한 미생물까지 다 죽는다. 그러므로 우리는 우유를 고를 때, 살균 우유를 마실 것인가 생우유를 마실 것인가, 균을 확 줄여 장기간 보관이 가능한 우유를 편리하게 마실 것인가, 아니면 효소, 항체, 건강에 유익한 박테리아 등 체내의 면역력을 높여주는 더 영양가 높은 우유를 마실 것인가를 선택해야 한다.

알칼리성 식품이 근육통을 예방한다

나 개인적으로는 동물성 식품 섭취는 약간 절제하고, 의식적으로 알칼리성 식품을 식단에 많이 포함시켜 신체의 산화를 막으려 하고 있다. 알칼리성 식품을 통해 무엇보다 근육통을 예방할 수 있다. 야채·쐐기풀·민들레 같은 약초들, 바질·마조람·파슬리·파 같은 허브들, 펜넬·생강·박하 같은 차, 클로렐라·스피룰리나와 같은 조류는 산화를 억제하는 데 도움이 된다.

이런 경험은 무엇보다 '지식이 기적을 일으킨다'는 믿음을 강화시켜 주었다. 배경과 맥락을 알면—이 경우 가령 동물성 단백질로 말미암은 신체와 근육의 산화—부정적 효과를 완화할 수 있다. 오해하지 않도록 짚고 넘어가자면, 생선처럼 산을 만들어내지만 전체적으로는 건강에 유익한 식품들이 있다. 그러므로 여기서는 이 같은 식품이 제공하는 영양상의 유익을 누리면서도, 어떤 알칼리성 식품으로 중화시킬 수 있을지를 아는 것이 유용하다. 신체가 어느 정도는 알아서 스스로를 보호할지라도, 체내의 산성도를 높이는 식품이 장기적으로는 해가 될 수 있기 때문이다. 신체에서 산이 많이 발생하면 무엇보다 스트레스 호르몬인 코르티솔 농도가 올라가는데, 코르티솔이 장기간 높은 상태로 유지되면 혈압이 올라가고 골격계도 손상된다. 이를 막으려면 알칼리성 식품을 골고루 섭취해야 한다.

무엇보다 분명한 것은 플렉시테리언 식단이 여러모로 유익하다는 것이다. 식물성 식품은 덜 기름지기에, 식물성 식품 위주로 먹으면 자연스레 섭취 에너지가 줄어든다. 그 밖에 식물성 식품은 염증 억제 성분을 많이 공급해 준다. 그 효과는 분명하며, 여러 연구가 플렉시테리언 식단이 장기적으로 고혈압, 비만, 제2형 당뇨, 동맥경화, 치매 등의 위험을 줄여준다는 것을 입증한 바 있다. 계속해서 채식 위주의 식사를 하면 인간만이 유익을 얻는 것이 아니라, 그것을 통해 동물에게도 유익을 주고, 지구 환경도 보호할 수 있다.

하지만 그렇다고 독자들에게 베지테리언이나 비건이 되라고 종용하려는 생각은 없다. 다만 늙지 않는 공식의 시각에서 자신의 식생활을 점검하고, 한 끼 한 끼 조금 더 바람직한 식사를 하면 좋을 것이다. 건강 계좌에 자산을 넣어둔다고 생각하면, 고기를 먹고 싶은 마음이 조금은 줄어들지 않을까.

이미 의식적으로 동물성 식품을 절제하고 있는 사람들에게 한마디 하고 넘어가자면, 그렇다고 오늘 점심에 소시지를 포기하는 대신, 커피랑 케익 한 조각을 냠냠할 생각은 말라.

NOTE

우유와 소고기

최근 뉴스를 주의 깊게 살폈다면, 우유를 둘러싼 논란을 한 번 이상은 들어보았을 것이다. 우유는 건강에 좋은가, 아니면 해로운가? 만약 마신다면 어떤 우유를 골라야 할 것인가?
우유에는 비타민, 미네랄, 단백질, 지방 등 여러 영양소가 함유되어 있다. 그런데도 우유의 평판이 미심쩍은 것은 우유를 마시면 배가 아프고, 설사를 하는 등 유당불내증으로 고생하는 사람들이 늘어났기 때문만은 아니다. 우유에 함유된 성장호르몬 때문이기도 하다. 이 주제에 대한 연구는 아직 명확한 권고를 내어놓지 못했다. 어떤 연구는 우유의 긍정적인 면을 강조하고, 어떤 연구는 부정적인 면을 강조하며, 어떤 연구는 중립적인 입장을 표방한다.

이제 83세가 된 바이러스학자이자 노벨상 수상자인 하랄트 추어 하우젠Harald zur Hausen은 오랜 연구 끝에 유럽산 소고기와 우유가 대장암, 유방암, 다발성경화증의 발병률을 높이는 인자를 가지고 있다고 지적했다. 그 인자는 고리 모양의 DNA 구성 성분으로, 추어 하우젠은 그 인자를 BMMFs Bovine Meat and Milk Factors(소고기 및 우유 인자라는 뜻)라고 칭하고, 이것이 우유와 고기에서 비롯되는 신종 병원체로 발암률을 높인다고 했다. 현재의 인식에 따르면 BMMFs는 우유와 소고기를 섭취함으로써 감염되는데, 면역계가 아직 성숙하지 않아서 병원체를 물리칠 수 없는 신생아와 유아들이 피해 대상이다.

BMMFs는 한번 감염되면 만성염증을 유발하고, 몇십 년이 지나 무엇보다 암 발병 위험을 높일 수 있다. 독일암연구소DKFZ는 생후 1년 미만의 아기들에게는 우유와 소고기를 주지 않을 것을 권고하고 있다. 2016년 2월 추어 하우젠은 자신의 연구 중간 결과를 발표하는 자리에서 참석한 저널리스트들에게 "여러분은 계속 그것들을 먹어도 돼요. 어차피 이미 감염되었으니까요."라고 했다. 독일연방위험평가연구소BfR도 같은 의견이다. 그러므로 기본적으로 우유 및 유제품을 둘러싼 건강 논란은 결코 무시할 수 없는 수준이라고 하겠다. 그럼에도 우유를 완전히 식단에서 몰아내라고 말하는 연구자들은 소수이다. 반대로 우유가 주는 건강상의 유익이 현재 알려진 위험을 능가한다는 의견이 더 보편적이다. 더구나 유산균이 살아 있는 요구르트, 발효유, 버터밀크 등은 우유와는 달리 장내 세균에 미치는 건강상의 유익이 탁월하므로 여타 우려스러운 점들을 불식시키고 남는다는 것이 전문가들의 공통된 의견이다.

4

(세 번째 공식 : 운동)

움직이면 복이 온다

노화를 늦추는
가장 효과적인 무기

진화생물학적 관점에서 볼 때 인간은 '이동하는 동물'이다. 즉 우리 몸이 계속해서 적지 않은 거리를 오가게 되어 있다는 뜻이다. 진화생물학자이자 운동학자인 마틴 피셔Martin Fischer는 직립보행을 운동기관에 이상을 일으키는 가장 주된 요인 중 하나로 지목한다. 인간이 포유류 중 유일하게 직립보행을 한다고 하여 직립보행이 꼭 바람직한 자세라는 뜻은 아니기 때문이다.

인간이 걸음마를 배우기까지 오래 걸리는 것도 그것이 자연스러운 자세가 아니기 때문인지도 모른다. 인간이 태어나 몸을 가누고, 기다가 불안하게 두 다리를 딛고 서서 걸음마를 하기까지 족히 1년 정도가 걸리지 않는가. 노인이 되면 다시 등이 굽어지고, 점점 두 발로 걷지를 못하며 움직임이 둔해진다. 이것은 체세포가 노화되고 마모되어 가면서 나타나는 현상이며 뼈, 관절, 근육에서 여실히 느껴진다. 나이 들수록 손가락, 무릎, 고관절, 척추 등의 관절염, 추간판 손상, 골다공증 같은 퇴행성 질환이 빈발하여 운동능력을 현저히 저하시킨다. 자못 모순적으로 들릴 수 있지만, 자주 운동을 해주는 것이 단연 가장 좋은 퇴행성 질환 예방 및 치료법이다.

운동을 하면
좋아지는 것

나이와 무관하게 활발히 운동하고 활동하는 것은 노화를 늦출 수 있는 가장 효과적인 무기다. 나이가 들수록 운동하는 것이 어려워질 수 있기에 더욱 그렇다. 나이가 들수록 신체 상태가 따라주지 않을뿐더러, 스스로 혹은 사회가 부여하는 기대와 고정관념도 추가적인 장해 요인으로 작용한다.

예나 대학교 연구팀은 2008년에서 2012년까지 '은퇴 이후의 삶'이라는 주제로, 이런 기대가 최근 50년간 어떻게 바뀌었으며, 오늘날 어떤 상태인지를 연구했다. 이 연구에서 연구자들은 '노년과 은퇴'라는 주제로 〈빌트Bild〉, 〈브리기테Brigitte〉, 〈프랑크푸르트 알게마이네 차이퉁Frankfurter Allgemeine Zeitung, FAZ〉 등에 실린 기사들과 법, 선거 강령, 정당 강령, 연방 보고서에 실렸던 각종 자료들을 분석했다. 또한 이런 외부의 시각을 60세에서 72세 사이의 '갓' 은퇴한 사람들의 인터뷰와 비교했다.

이 연구에서 노년에 대한 사회적 시각과 개인적 시각이 1980년대 중반부터 상당히 변하고 있음이 확인되었다. 은퇴 생활에 대한 고전적 관념은 오래전에 낡은 것이 되었고, 소위 '활동적이고 생산적인 노년'이라고 부를 수 있는 삶의 모델이 부상하고 있다. 즉 퇴직 후 활동을 최소한으로 줄이고, 심심하게 지내는 노년 인구가 점점 줄어들고, 직장에서는 물러났지만 일상에서는 나름 활발하게 활동하는 사람들이 늘고 있다는 것이다.

이런 변화에는 여러 이유가 있으며, 노년을 보내는 모습 역시 다양하다. 하지만 나이와 건강이 서로 어떻게 연관되며, 어떻게 영향을 미치는지와 관련하여 특히 관심이 가는 주제는 이것이다. 어떤 방식으로든 나이 들어 손을 놓아버리지 않고 활발히 활동하는 사람은 상대적으로 더 건강하다는 것. 이유는 분명하다. 운동을 하면 혈액순환이 활발해져서 체내의 산소와 영양소 공급이 더 좋아진다.

그 밖에도 심신의 활동을 통해 성체기 '신경생성neurogenesis'이 뇌 속에서 일어난다. 즉 성인 뇌의 특정 영역에서 새로운 신경세포와 시냅스가 생겨나는 것이다. 1990년대까지만 해도 이것은 불가능한 것으로 여겨졌다. 뇌 발달은 아동기 내지 늦어도 청소년기면 마무리된다는 것이 당시 전문가들의 의견이었다. 그때부터는 한마디로 말해 그냥 내리막길이라는 것이다. 그러나 최근 연구에서 그런 견해가 틀린 것으로 밝혀졌다. 인간의 뇌, 특히 해마에서 신경생성을 통해 평생 새로운 세포들이 형성되며, 빈도는 떨어지지만, 소위 시냅스를 통해 신경세포들이 연결된다는 것이 증명되었다.

더 좋은 소식은 이런 과정을 능동적으로 뒷받침할 방법이 있다는 것이다. 물론 운동을 하면 혈액순환이 활발해진다는 것은 두말할 것 없는 사실이다. 그런데 이를 통해 정말 우리의 뇌도 생기를 띠게 할 수 있을까? 1980년대 말, 미국에서 직업 활동이 얼마나 뇌 혈류와 인지 능력에 영향을 미치는지에 대한 연구가 진행되었다. 이 연구의 참가자들은 다들 65세 생일에 육박한 사람들로, 은퇴할 것인지, 계속 일할 것인지에 대한 결정을 앞둔 상태였다. 그리고 이 프로젝트가 시작될 무렵 총 90명의 자원자들 중에서 60명은 일을 중단했는데, 그중 30명은 일을 그만두고 나서 규칙적으로 운동을 했고, 다른 30명은 규칙적인 운동프로그램에 참여하지 않았다(그리고 나머지 30명은 계속 직업 활동을 했다).

이로써 연구자들은 각 30명씩으로 구성된 세 그룹을 비교 연구할 수 있었다. 결과는 예상대로였다. 퇴직한 뒤 규칙적으로 신체를 움직여 주지 않은 그룹은 뇌 혈류량이 유의미한 감소를 보였다. 하지만 규칙적으로 운동을 한 그룹과 직업 활동을 계속한 그룹에서는 이렇다 할 혈류 감소를 관찰할 수 없었다. 인지능력도 이 두 그룹이 더 좋았다.

이 연구로부터 내릴 수 있는 결론은 한 가지다. 직업 활동을 하든, 스스로 규칙적인 활동을 하든, 중요한 점은 우리는 스스로를 독려할 수 있고, 회색 세포도 일깨울 수 있다는 것이다.

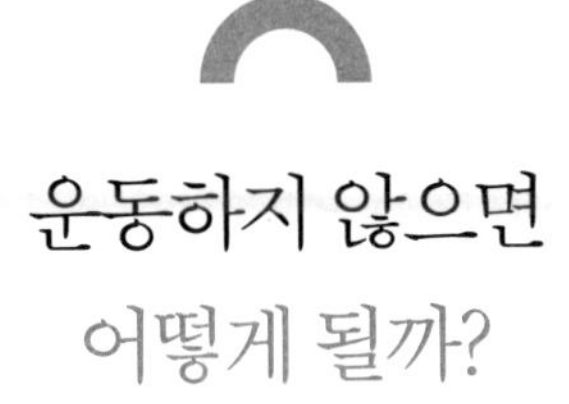

운동하지 않으면 어떻게 될까?

운동이 건강에 중요하다는 데는 의심의 여지가 없다. 그런데 왜 그런 것일까? 우리 신체를 잘 돌아가게 하려면 움직여 주어야 한다. 심장과 혈액순환, 림프계, 면역계, 근육과 운동기관, 뇌 모두가 운동을 하지 않으면 제대로 기능하지 못한다. 이를 자동차나 집에 비유해보자. 자동차를 늘 세심하게 관리해 주면 큰 고장이 나서 돈이 왕창 들어가는 일을 피할 수 있다. 또 자신의 집을 늘 세심하게 손보면, 큰돈 들여 집 전체를 수리해야 할 정도로 집이 망가지지 않을 것이다. 마찬가지로 신체와 그 '부품'을 늘 좋은 상태로 유지하는 사람은 체내의 인프라가 무너지지 않아 질병의 위험이 감소한다.

자, 이제 운동이 신체가 원활하게 돌아가는 데 얼마나 중요한지를 이해할 수 있도록 중요한 사실을 간략하게 소개해 보겠다.

운동은 심장을 튼튼하게 해준다

심장은 우리 몸의 중심 펌프로서 혈액을 순환시키며 생명을 유지시킨다. 심장은 힘든 정도에 따라—즉 필요에 따라—혈액이 때로는 빠르게, 때로는 느리게 온몸을 통과하게끔 펌프질한다. 보통 심장이 일하는 것은 잘 느껴지지 않고, 완전히 우리 의지와 무관하게 일어난다. 따라서 가능하면 심장이 일하기 좋은 조건을 마련해 주는 것이 급선무다.

신체의 다른 모든 근육과 마찬가지로 심장근육 역시 훈련해 주는 것이 좋다. 예전에는 장시간 지구력 운동을 해주는 것이 심장 건강에 가장 좋다는 의견이 지배적이었다. 하지만 최근 그보다 심장에 다양한 부하를 가하는 것이 심장근육 건강에 더 좋다는 사실이 알려졌다. 즉 가급적 다양한 종류의 운동을 해주는 편이 좋은 쪽으로 나타난 것이다. 기본적으로 좋지 않은 단 한 가지 행동은 바로 움직이지 않는 것이다! 이유는 단순하다. 훈련시키지 않는 모든 것은 위축된다. 심혈관계, 림프계, 근육과 운동기관, 그 밖에 면역계 모두 마찬가지다.

심혈관계의 정확한 기능은 무엇일까? 혈관은 전신에 뻗어 있으며, 혈액은 심장에서 출발하여 멀어졌다가 다시 심장으로 돌아오는 순환을 거듭한다. 심장에서 멀어질수록 혈관은 가늘어진다. 혈관은 각각의 체세포에 산소와 영양소—탄수화물, 지방, 단백질, 미네랄, 비타민, 물—를 공급하기 위한 수송로 역할을 한다. 혈관이 없으면 체세포는 살 수 없고, 따라서 우리도 살 수 없다. 아울러 '돌아오는 길'에 혈액은 신진대사 산물과 노폐물을 다시 실어 나른다.

Tip

심혈관계를 위한 운동

하루에 30분 이상 운동하라!

운동을 얼마나 많이 해야 할지, 어느 정도의 강도로 해야 할지는 개인의 상태와 체질에 따라 다르다. 그래서 전문가들도 일반적인 추천은 하기 힘들다. 다만 운동을 하지 않으면 심혈관계 건강에 좋지 않다는 것이 전문가들의 공통된 의견이다.

하이델베르크 소재 독일 암센터 우테 몬스 연구팀의 연구 결과를 바탕으로 확실히 말할 수 있는 것은 기저질환이 있다고 하여도, 심혈관계의 건강을 위해서는 최소 하루 30분 정도 너무 힘들지 않는 선에서 운동을 해줄 필요가 있다는 것이다.

운동이 혈당치를 낮춘다

혈액순환이 담당하는 서비스를 얘기할 때 노폐물 제거와 산소 공급 외에 글루코스를 준비하는 일도 빼놓을 수 없다. 보통 포도당이라 불리는 글루코스는 세포의 주된 에너지원으로, 기본적으로 우리가 음식으로 섭취한 탄수화물로부터 만들어진다. 탄수화물이 소화 과정에서 우선 말토스로, 이어 글루코스(혈당)로 분해된다.

경제적으로 풍족한 산업국가 주민들은 대부분 음식을 통해 체내 신진대사를 원활하게 해주는 글루코스를 충분히 공급받는다. 아니, 더 나아가 대부분이 초과 공급을 받는다. 이것은 언뜻 긍정적으로 들린다. 하지만 실상은 그렇지 않다. 즉 건강 및 장수와 혈중 글루코스 농도(혈당치) 사이에는 직접적인 연관이 있기 때문이다. 쥐를 대상으로 한 실험에 따르면 혈당치가 높을수록, 단백질 부착protein adherence이 더 증가하고, 수명이 더 줄어드는 것으로 나타났다. 인간을 대상으로 한 신빙성 있는 연구는 아직 존재하지 않는다. 그럼에도 이런 상호작용을 암시하는 자료들이 있기는 하다.

'블루존Blue Zone'이라는 말을 들어본 적이 있는가? 이것은 장수마을을 연구해 온 댄 뷰트너Dan Buettner가 만든 용어로 지구상에서 평균 수명이 세계 평균을 훌쩍 웃도는 지역을 칭하는 명칭이다. 댄 뷰트너에 따르면 이런 지역의 주민들이 장수하는 까닭은 식물성 식품 위주로 칼로리가 적고 비타민과 무기질이 풍부한 음식을 먹기 때문이라고 한다. 이 밖에도 블루존 지역의 '노인들'은 사회생활에 더 많이 참여한다. 즉 운동, 식생활, 사회적 활동이 시너지 효과를 내는 것이다. 가령 블루존 지역의 하나인 일본의 오키나와섬 사람들은 죽을 때까지 부지런히 몸을 써서 실생활에 능동적으로 도움을 제공한다.

혈당치가 높은 것을 기대수명 감소의 지표로 보는 것은 전혀 놀랍지 않다. 높은 혈당치는 장기적으로 일련의 질병들을 초래하기 때문이다. 높은 혈당치로 인해 혈압이 상승하고, 이를 통해 혈관 건강과 신장 건강이 나빠진다. 특히나 신장에 혈액순환이 잘 되지 않으면, 신장은 생명 유지에 중요한 과제들을 제대로 감당할 수가 없다.

쌍으로 존재하는 신장은 알다시피 독소와 신진대사의 최종 산물인 노폐물을 내보내는 역할을 한다. 노폐물은 이어 요도를 거쳐 소변을 통해 몸 밖으로 배설된다. 종종 신체의 정화 시설이라고 과소평가되는 감이 있지만, 신장은 그 외에도 생명 기능에 중요한 과정을 담당한다. 체액의 구성 및 양도 조절하는데, 이 두 가지는 무엇보다 혈압에 직접적인 영향을 미친다.

또한 신장은 소변의 생성뿐 아니라, 전해질 대사 및 산-염기 대사도 주관하여 체내 항상성을 유지시킨다. 여러 호르몬을 생산하고, 간처럼, 필요한 경우 글루코스도 만들어낼 수 있다. 그러나 이를 위해 세포가 에너지를 써야 하기에, 이런 기능은 단식 기간처럼 글루코스가 부족할 때만 작동한다.

운동을 하면 혈당치가 감소한다. 우리가 움직이자마자 체세포가 에너지를 필요로 하기 때문이다. 세포들이 연소하는 연료는 바로 글루코스이다. 모든 세포는 저장해 둔 당과 에너지를 활용한다. 그러나 이렇게 비축해 두었던 것들이 바닥이 나면, 혈액순환으로부터 직접 에너지를 공급받아야 한다. 혈당치가 떨어지는 것은 이 때문이다. 이어서 세포들이 그동안 비워진 저장고를 채워야 하므로, 혈당치가 다시금 원래 수준으로 돌아가는 데는 운동의 강도에 따라 최대 이틀이 소요된다.

글루코스가 세포의 연료로서 아주 중요할지라도, 계속해서 혈액 속에 글루코스가 남아도는 상태가 되면 문제가 된다. 사용되지 않은 채, 체세포 밖에 정체된 글루코스는 세포 표면의 단백질 구조에 달라붙기 때문이다. 이런 과정을 '당화glycation'라고 부른다. 여러 단계의 과정을 거쳐 이를 통해 '최종당화산물advanced glycation end products, AGEs'이 혈액 속에 증가하는데, 이것은 높은 혈당치와 함께 세포와 세포를 둘러싼 조직에 해로운 영향을 미친다. 최근 최종당화산물은 제2형 당뇨, 혈관 질환, 치매, 심혈관 질환, 골다공증, 만성 염증 질환 등 나이 들면서 빈발하는 각종 질병을 유발하는 원인으로 지목되고 있다.

쉽게 말해, 당화를 통해 시간이 흐르면서 분자들이 서로 결합하고, 세포들이 서로 들러붙는 바람에 자신의 과제를 더 이상 수행할 수 없게 되는 것이다. 이를 단백질의 부착, 혹은 단백질의 당화라고 하며, 이런 상태가 된 단백질을 부착단백질, 혹은 당단백질이라 부른다. 혈액 속에 글루코스가 과다하게 존재하지 않도록 하고 혈당치를 낮추는 노력을 통해 이런 일을 예방할 수 있다.

Tip

혈당치를 위한 운동

속력을 내어 혈당 브레이크를 밟으라!

규칙적으로 신체 활동을 해주면 혈당치를 계속 정상 범위로 유지할 수 있다. 이를 통해 다시금 제2형 당뇨와 당뇨 합병증을 효과적으로 예방할 수 있다.

당뇨를 예방하고 싶은가? 아니면 이미 당뇨를 앓고 있어서 인슐린 복용을 줄이고 싶은가? 모두 당신의 발에 달려 있다. 굳이 전문적인 운동을 할 필요도 없다. 빠른 걸음으로 매일 30분 정도 산책해 주는 것만으로도 충분하다.

운동은 림프계의 순환을 원활하게 한다

운동을 하자마자 혈관계에 활력이 생기고 림프계의 순환도 원활해진다. 면역계의 일환인 림프계에서는 밝은 노란색 수액이 흐르는데, 이를 림프액이라 부른다. 림프액은 영양분과 노폐물뿐 아니라, 우리의 혈관계에 들어가지 못하는 이물질을 운반한다. 림프액은 림프관을 따라 흐르는 중에 온몸에 위치하는 림프절을 지나는데, 이곳에서 림프액이 정화된다. 림프절에서는 특별한 면역세포들이 바이러스와 세균을 무해하게 만들거나, 죽은 세포와 노폐물을 걸러준다. 그러면 이제 우리 몸의 해독 기관들인 간과 신장이 이런 '쓰레기'의 최종적인 배출을 담당한다.

림프액이 흐르는 림프관은 혈관과 나란히 전신에 뻗어 있다. 혈관계와는 달리 림프관계는 닫혀 있지 않으며, 심장이 펌프 작용을 해서 혈액을 순환시키는 것과 달리 림프액을 순환시켜 주는 자체 동력이 없다. 대신에 림프액은 근육의 움직임으로 말미암아 수동적으로 운송된다. 림프 심장이라 불리는 림프관의 특정 부분이 림프액 수송 리듬을 조절하는 페이스메이커 역할을 해주는데, 우리가 빠르게 움직일수록 이 부분의 펌프질이 더 빨라진다.

따라서 우리 몸의 혈관계와 림프관계는 몸의 아주 외딴 곳까지도 구석구석 찾아가는 아주 성능 좋은 공급망이자 배출망이라고 하겠다. 몸의 중심에서 아무리 멀리 떨어진 곳이라도 상관이 없다. 하지만 림프계 흐름은 자동적이지 않고, 우리의 신체 활동에 의존하고 있음을 명심하라.

Tip

림프계 기능을 위한 운동

림프순환을 원활하게 해주는 모터를 작동시키라!

혈관, 림프계, 체세포 사이의 교환은 환경에 좌우된다. 부족한 운동 혹은 불균형한 식사나 과식은 장기적으로 신체가 모든 신진대사 산물을 운반할 수 없도록 만든다. 하루 내내 부지런히 움직이면서 신체를 도우라. 그러면 림프액이 원활하게 흐를 수 있다.

운동은 면역계를 자극한다

운동을 제법 해주었을 때 발동되는 또 다른 반응이 있다. 무시할 수 없는 중요한 반응인데도, 대부분이 그 긍정적인 효과를 잘 의식하지 못하는 반응! 바로 체온 상승이다. 체온 상승은 우리가 힘을 쓰고, 그에 따른 에너지 대사가 이루어지는 것으로 말미암은 신체의 정상적인 반응이다. 보통의 경우 우리의 심부체온core temperature(중심체온), 즉 신체 내부의 온도는 약 37도에서 39도 사이를 오르내린다. 이런 상한선을 넘어서면 신체 기능이 마비되기에, 우리 몸은 필요한 경우 혈액순환을 활발하게 하고, 땀을 내면서 열을 식혀주어 몸이 '과열'되지 않도록 한다.

운동으로 심부체온이 올라가면, 체온은 우리가 아파서 열이 날 때와 같은 영역으로 빠르게 올라간다. 이런 상태는 몸에 이롭다. 몸이 아플 때 병균과 싸우기 위한 면역 작용의 동반 현상으로 일어나던 일이, 이제 건강한 상태에서 신체 활동으로 말미암은 체온 상승을 통해서 일어나기 때문이다. 이렇게 운동을 통해 체온이 상승하면 바이러스, 박테리아 등이 억제될 수 있다. 한편, 이미 감염이 일어나서 신체가 감염원에 대항하여 열을 내며 싸우는 상황이라면, 운동을 멈추는 게 좋다. 추가적인 노고로 말미암아 신체가 더 쇠약해져서, 질병에 오히려 더 취약해진다.

Tip

운동은 면역력을 높인다!

면역계를 활성화하라!

평소 건강한 상태에서 최소 하루 한 번 땀을 내라. 그러면 혈액순환이 활발해지고, 체온이 상승해서 면역계가 활성화된다.
이를 위해 꼭 마음을 다잡아 본격적인 운동을 하러 나갈 필요는 없다. 지하철역까지 되도록 빠른 걸음으로 가고 계단을 부지런히 오르내리거나, 집에 돌아올 때 버스나 지하철에서 한 정거장 먼저 내려 나머지 구간을 집까지 조깅하는 것으로 충분하다.

운동은 '피곤한' 뼈와 관절을 튼튼하게 해준다

규칙적으로 신체를 움직여 주면, 움직임을 수행하는, 혹은 움직임을 가능케 해주는 부분이 우선적으로 유익을 얻는다. 즉 수축과 이완을 통해 움직임을 실행해 주는 골격근, 그리고 뼈의 위치 변화를 가능케 해주는 관절이 그렇다. 우리가 다양한 동작을 실행하고 여러 가지 자세를 취할 수 있는 것은 바로 여러 방향으로의 움직임을 가능케 해주는 이런 연결 부분 덕분이다. 관절과 근육이 없으면 우리는 고개를 옆으로 돌리지도 못하고 손가락을 구부려 뭔가를 집지도 못하고, 무릎을 구부리지도, 팔을 마음대로 움직이지도 못할 것이다.

관절의 가동 범위는 사람마다 다르다. 각각의 신체 구조에 따라 한계가 있기에 가동 범위가 근육처럼 훈련에 비례해서 눈에 띄게 확확 늘어나는 건 아니다. 하지만 운동을 통해 우리가 일상에서 사용하는 것 이상으로 관절의 가동 범위를 늘릴 수는 있다. 더 많이 돌아가게끔, 더 많이 펴지게끔, 더 많이 구부러지게끔 말이다.

어떤 관절이든 간에 각 관절에서는 최소한 두 개의 뼈가 만난다. 이곳에서 뼈는 관절포(관절낭)로 감싸여 있다. 관절포 사이의 빈 부분인 관절강에는 윤활액이라는 특별한 체액이 채워져 있고, 뼈와 뼈가 서로 접하는 부분인 관절면은 연골로 싸여 있으며, 두 뼈는 관절면 사이의 틈을 통해 서로 떨어져 있어, 서로 부딪혀 마찰이 일어나지 않게 되어 있다. 관절은 그 부분을 충분히 운동해 줄 때 그 기능을 유지할 수 있다. 움직여 주어야만 뼈와 연골에 충분한 영양이 공급되기 때문이다.

Tip

뼈와 관절 운동

운동기관에 기름칠을!

"나이는 관절과 운동기관의 상태와 비례한다."라는 말이 있다. 그러므로 규칙적인 운동과는 별도로 하루를 보내면서 가능하면 몸을 자주자주 움직여 주도록 하라. 어떤 움직임이든 좋다. 버스 정류장까지 걸어간다든지, 회사에서 계단을 이용해 휴게실에 들락거린다든지, 잠시 필요한 물건을 사러 나간다든지, 화장실에 간다든지, 빨래를 넌

다든지, 진공청소기와 식기세척기를 돌린다든지 말이다. 일상의 소소한 움직임들로도 전반적인 관절 건강을 돌보기에 충분하다.

머리끝에서 발끝까지 전신 건강을 유지하기 위해 가장 좋은 운동은 수영이다. 수영은 크게 두 가지 특성을 지닌다. 우선 물의 저항이 작용하는 가운데 운동을 한다는 것, 두 번째로 신체가 물과 밀도가 비슷하기에, 수면에 거의 무중력 상태로 떠 있는 상태에서 운동을 한다는 것이다. 이런 특성은 커다란 장점이다. 이런 특성으로 말미암아 뼈와 관절에 무리를 주지 않기 때문이다. 이런 효과를 내는 힘을 부력이라 부르며, 과체중이라서 자칫 다른 운동이 관절에 부담을 줄 수 있는 사람들에게는 수영이 특히 좋다.

한편 골대사를 촉진시키기 위해서는 어느 정도(역학적으로) 근육과 관절에 하중을 실어주는 운동이 필수적이다. 물론 모든 것은 나이를 고려하여 적용해야 한다! 그러므로 개인적인 측면을 고려하는 가운데 고령에 이르기까지 근력운동을 꾸준히 하라.

수영하기에 위험하지 않고 수질이 좋은 자연 연못이나 호수가 가까이 있는가? 그렇다면 인공 수영장보다는 무조건 그런 곳에서 수영을 하라고 권하고 싶다! 바닥이 보이지 않으므로 조심해야 하고, 수영을 할 때 수중식물이 몸을 스칠 수 있기에 처음 몇 번은 약간 불쾌할 수도 있다. 하지만 대신에 시끄러운 인공 수영장에서 염소 처리한 물에 몸을 담글 필요가 없고, 계속해서 다른 사람들의 몸을 피해 수영을 하지 않아도 된다는 것은 커다란 장점이다. 수영을 좋아하는 사람은 방해받지 않고 신선한 공기를 마시며 야외에서 수영을 하는 것을 더 좋아할 것이다. 이렇게 자연 속에서 수영을 하면 복잡했던 머리도 맑아지며, 잠시 휴가를 즐기는 듯한 기분이 든다.

운동이 근막을 탄력 있게 만든다

심혈관계, 신진대사, 운동기관, 면역 외에 운동이 꼭 필요한 신체 부위가 있다. 바로 근막이다. 요리하기 전 소고기를 손질하며, 하얀 결합조직으로부터 살코기를 분리해 본 경험이 있는 사람은 이 하얀 결합조직이 부드러운 동시에 굉장히 질기고 탄력 있음을 알 것이다. 오랫동안 이런 근막이 어떤 기능을 하는지 수수께끼로 남아 있었다. 그냥 세포 사이를 이어주는 충전재 혹은 막 정도로만 여겨지기도 했다. 그래서 그 이름이 '결합조직'이 된 것이다.

하지만 오늘날 우리는 근막이 장기 및 근육을 두르고, 그것들의 형태를 유지시키고 안정감을 부여해 준다는 걸 알고 있다. 근막은 촘촘히 짜인 코르셋처럼 전신을 감싸고 또 하나의 중요한 역할을 수행하는데, 바로 근육을 이웃 조직과 분리시키는 한편 마찰이 발생하지 않도록 근육을 보호해 주는 것이다. 그 밖에도 근막은 근육 사이에서 힘을 전달하여 계속해서 움직이는 것을 가능케 한다. 나아가 림프관과 혈관의 통로 역할을 하여, 신경말단을 통해 통증이나 운동 변화 같은 정보를 두뇌로 전달한다. 독일의 선구적인 근막 연구가인 로베르트 슐라입Robert Schleip 박사는 이런저런 특성을 감안하여 근막 네트워크를 "우리 몸의 가장 중요한 감각 기관 중 하나"라고 말했다.

근막은 섬유 그물이 격자 형태로 배열된 구조라서 엄청 탄성이 강하다. 즉 잘 늘어나고, 질기다. 얼마나 강할지는 무엇보다 유전자와 에스트로겐, 프로게스테론, 이 두 호르몬이 결정한다. 이 두 호르몬은 여성호르몬이라 불리긴 하지만, 양이 적을 따름이지 남성의 신체에서도 분비된다. 결합조직이 약한 것은 무엇보다 유전적인 원인이다. 하지만 올바른 식생활과 충분한 운동을 통해 결합조직에 어느 정도 영향을 미칠 수 있다.

건강하지 못한 식생활을 한다든지, 운동을 너무 안 한다든지, 운동을 하긴 하는데 불균형한 운동으로 말미암아 신체가 받는 하중이 너무 한쪽으로만 치우친다든지, 혹은 몸을 다친 기억 탓에 자꾸 몸을 사리게 된다든지 하면 근막의 정상적인 구조가 무너질 수 있다. 근막 배열이 엉클어지고, 근막이 유착·협착·경화되자마자 바로 체감할 수 있는 불편이 나타난다. 근막이 안정화 기능을 하지 못해 근육의 일을 제대로 뒷받침할 수 없어지는 것이다. 이것은 처음에는 운동의 자유를 제한할 뿐이지만, 손상의 정도에 따라 늦든 빠르든 근막에 위치한 신경말단이 반응을 하여 통증이 유발되고, 안 좋은 경우 만성 통증으로 발전한다. 나이 들어서는 다치거나, 스트레스를 받거나, 불가피한 피로 현상을 겪는 경우가 흔하며, 이와 더불어 신체에 하중을 너무 가하거나 너무 적게 가함으로써 악순환이 일어날 수 있다.

근막은 머리에서부터 발끝까지 이어져 있으므로, 기본적으로 모든 움직임이 근막에 영향을 미친다. 약간 과장하자면, 발을 뻗어 정강이뼈 쪽으로 당기는 행동도 근막을 통해 뇌막까지 자극이 전달된다. 식탁보 한쪽을 잡고 펄럭이거나 이불 한 끝을 갑자기 잡아당길 때처럼 말이다.

이런 점에서 고정된 기구를 이용해 기계운동을 하는 것은 근막 건강에 그리 바람직하지 않다. 기계운동은 전체 근육의 협연을 목적으로 하지 않고 개별 근육에 한정적으로 작용하기에 일상의 자연스러운 동작과는 거리가 먼 운동이다. 그래서 나는 자신의 체중을 이용해 트레이닝을 하는 맨몸운동을 더 선호한다. 운동 강도를 좀 더 높이고 싶으면 아령 정도를 추가하면 된다. 맨몸운동은 제한 없이 자유로이 움직일 수 있으므로 운동기관을 더 단련할 수 있으며, 근력을 키우는 데 도움이 된다. 신체의 근육이 단련되면 관절도 튼튼해지고 아울러 근막도 튼튼해진다. 물론 신체적 조건과 나이에 따라, 특정 기구를 사용하는 기계운동이 필요할 때도 있다. 운동 형태는 늘 목표와 조화를 이루어야 한다.

집중해서 개별 근육을 만드는 것은 기본적으로는 보디빌더들에게나 유용하다. 이들은 특정한 훈련 계획에 따라 근육을 키워 능동적으로 몸을 만든다. 하지만 근력운동을 통해 고립적으로 특정 근육만 키우게 되면 결국 부상의 위험이 높아진다. 신체가 이에 동반되는 새로운 도전에 제대로 부응하지 못하기 때문이다. 그리하여 레그 프레스를 통해 대퇴부 근육만 키운 뒤 스키를 타게 되면 무릎 관절에 무리가 가기 쉽다. 커진 허벅지 근육이 가하는 하중을 무릎 관절이 견딜 준비가 되어 있지 않기 때문이다. 따라서 전신 건강에는 자신의 체중을 이용하는 맨몸운동이 제격이다. 이런 운동으로 전체 근육을 다 쓰고, 근막에 활기를 불어넣을 수 있다.

스트레칭과 체조는 근육과 근막에 좋은 영향을 미친다. 각각의 섬유를 당겨줌으로써 굳어짐과 긴장을 풀어줄 수 있기 때문이다. 이런 운동은 조직의 유연성과 신축성을 증가시켜 결과적으로 더 자유로운 움직임을 가능케 한다. 나이 들어서도 몸을 자유자재로 움직이기 위해 근막의 역할이 중요하다는 것은 이미 입증된 사실이다.

근막은 운동기관의 일부분으로서 근막의 원활한 기능을 유지하려면 운동이 필수다. 하지만 영양을 통해서도 근막에 좋은 일을 해줄 수 있다. 음식이 놀랍게도 우리의 결합조직에도 영향을 미치기 때문이다. 근막 섬유는 단백질로 구성되며, 단백질은 다시금 아미노산으로 구성된다. 그중 몇 가지 아미노산은 우리의 결합조직에 중요한 역할을 하는데, 견과류, 생선, 닭고기, 소고기, 우유나 치즈 같은 유제품에 이런 아미노산이 들어있다.

오메가3 지방산, 오메가9 지방산, 식물의 2차 대사산물 및 과일, 야채, 허브, 후추나 강황 같은 양념에 든 항산화 성분도 근막 건강에 좋은 영향을 미친다. 그밖에 비타민A·C·D·E, 미네랄, 칼슘, 구리, 마그네슘, 아연 같은 미량원소가 풍부한 식품도 추천할 만하다. 브로콜리, 케일, 시금치, 참깨, 아몬드 같은 식품이 이에 속한다.

하지만 운동을 싫어하는 사람들이 명심해야 할 것은 음식을 의식적으로 선택함으로써 근막 건강을 촉진할 수 있지만, 음식만으로는 절대로 되지 않는다는 것이다. 그러므로 일상에서 규칙적으로 능동적이고 다양하게 몸을 움직여 주어야 한다. 움직이지 않으면 결합조직과 모든 다른 체세포들이 영양분을 흡수할 수 없다는 사실 때문에라도 말이다.

Tip

근막을 위한 운동

1. 근막을 원래대로 되돌리라

탄력 있는 근막을 위한 처음과 끝은 바로 충분한 운동이다. 그동안 근막을 강화시키는 특별한 트레이닝 방법들이 개발되었다. 인터넷에 찾아보면 많은 운동법을 발견할 수 있을 것이다. 파샤롤Fascia roll이라 불리는 마사지 볼은 스스로 마사지를 하면서 근막 구조에 좋은 영향을 끼칠 수 있는 도구로 입증되었다. 이 볼은 형태와 크기와 강도가 다양하여 필요에 따라, 손에 들고 각각의 근육을 마사지할 수도 있고, 볼을 바닥에 놓고 체중을 그것에 실어 등 같은 곳을 마사지할 수도 있다. 이런 동작을 통해 생겨나는 압력이 역학적 자극과 더불어 혈액순환을 촉진하여, 조직에 산소와 영양소가 공급되고 동시에 신진대사 산물이 배출된다. 그 밖에 근막이 섬유화로 인해 굳어지고 유착된 경우에도 이런 마사지를 통해 근막이 다시금 원래 구조로 되돌아가 탄력을 되찾을 수 있다.

원인 모를 요통이나 등 통증에 시달린다면, 의도적으로 근막을 강화하는 조처를 고려해야 할 것이다. 집 안에서 앞서 말한 마사지 볼을 잘 활용하여 효과를 볼 수 있다. 하지만 사전에 반드시 정확한 활용법을 숙지해야 한다!

2. 근력만이 아니라 활동성과 안정성을 훈련하라!

운동을 하다 보면 힘이 아닌 안정성과 활동성을 담당하는 근막과 근육들이 등한시되는 경우가 많다. 그러므로 피트니스 클럽에 설치되어 있는 기구는 그냥 내버려두고 아령, 탄력 밴드, 트램펄린, 짐볼을 활용하여 운동할 것을 추천한다. 요가 링이나 줄을 가지고 하는 운동도 근막 건강에 좋다. 링이나 줄을 가지고 운동을 하면 긴장된 근육의 떨림이 줄에 전달되고, 이것이 진동으로 강화되어 전체 근육이 진동을 느낀다. 이때 걸을 때와 서 있을 때 똑바른 자세를 취할 수 있도록 지지해 주는 지지 근육과 근막이 특히나 능동적으로 움직인다.

운동으로 심신의 건강을 도모하라

건강을 위해 운동이 꼭 필요하다는 건 자명한 사실이다. 가만히 있는 상태에서는 몸을 별달리 쓸 일이 없다. 몸을 쓰지 않으니 마모될 일도 없고 좋지 않겠느냐고? 유감스럽게도 그렇지 않다. 움직여 주지 않으면 신체에 영양소와 산소 공급이 부족해지고 체내 정화, 해독 작업도 제대로 이루어지지 않는다. 그것은 그냥 단거리로 시내에서만 왔다 갔다 하는 것으로 그친 자동차와 비슷하다. 짧은 거리만 운행함으로써 번번이 적정 온도를 경험하지 못한 엔진에는 시간이 지나면서 침전물이 생기게 되고, 성능이 대폭 떨어진다.

브레멘 야콥스 대학교에서 2010년 1년에 걸쳐 시행한 '운동하는 노년'이라는 이름의 장기 연구에 따르면, 심폐지구력 운동과 체조가 노인들의 뇌 능률 향상에 도움이 되는 것으로 나타났다. 연구자들은 65세에서 75세 사이의 실험 참가자 115명을 세 그룹으로 나누어 일주일에 세 번씩 모이게 했다. 그 시간에 한 그룹은 노르딕 워킹을 했고, 한 그룹은 협응 및 균형 강화 운동을 했으며, 대조군은 운동은 하지 않고 스트레칭과 이완 연습만 실시했다.

참가자들은 연구 시작 시점과 6개월이 지난 시점, 그리고 1년이 지난 시점에 뇌 능률 향상 효과를 테스트 받았는데, 테스트 항목에는 운동능력, 인지능력, 지각(상황 판단) 속도, 주의력 조절 능력 등이 포함되었다.

결과는 놀라웠다. 운동 프로그램에 참가한 두 그룹은 주의력 조절 능력이 뚜렷이 개선된 것으로 나타났다. 주어진 과제를 더 신속하고 정확하게 해결하면서 뇌의 능력을 십분 발휘했다. 인지능력에 미친 긍정적 효과는 어떤 운동을 했느냐에 따라 차이를 보였다. 노르딕 워킹을 한 사람들은 순발력이 더 개선된 반면 협응 훈련에 참가한 사람들은 과제를 질적으로 더 정확하게 해결했다. 이완 연습만 한 대조군은 정신적 능력에서 별다른 변화를 보여주지 않았다. 이완 연습과 스트레칭이 유익하지 않다는 말이 아니다. 이 연구에서 판가름하는 기준에서는 중요하지 않았다는 것이다.

운동 방식이 사고 활동에 영향을 끼치는 것은 틀림없어 보인다. 세월이 흐른 다음 어떤 운동이 특히 더 좋은 결과를 낼지는 장기적으로 연구해 볼 문제겠지만, '운동하는 노년'에 대한 연구에서 유추할 수 있는 바는 부지런히 움직이는 것이 외부의 자극들을 더 빠르고, 효율적으로 처리하도록 뇌 활동을 원활하게 한다는 것이다. 규칙적으로 신체를 부지런히 움직여 뇌세포의 활동을 도우라.

그 밖에 운동과 신체 활동은 뇌 속에서 행복감까지는 아니어도 최소한 기분을 좋게 해주는 전달물질이 분비되도록 돕는다. 이것이 정확히 어떤 물질인지는 논란의 여지가 있지만 운동이 기분을 밝게 하는 효과를 내는 것은 분명하다. 근력운동은 우울증 환자들의 기분 개선에 효과가 있는 것으로 입증되었으며, 운동이 우울증에 항정신성 의약품에 버금가는 효과를 낸다는 것은 여러 연구가 규명하고 있는 바다.

또한 그룹으로 하는 운동은 유쾌하고 건강상 과소평가할 수 없는 부수적 효과를 내는데, 바로 이를 통해 자연스럽게 규칙적으로 사회적 교류를 하게 된다는 점이다. 이것이 우리의 건강에 얼마나 중요한지는 8장(사회관계)에서 더 자세히 살펴보려고 한다.

Tip

심신을 위한 운동

다양한 움직임으로 뇌의 회색 세포를 자극하고 활성화하라!

협응과 균형 능력을 강화하기 위해 꼭 밖에 나가 운동을 해야 하는 것은 아니다. 집에서도 의식적으로 자주자주 몸을 움직여 준다면, 전혀 위험하지 않게 내킬 때마다 그런 능력을 강화할 수 있다.

난간을 잡지 말고 계단을 오르도록 해라. 신발을 신을 때는 선 채로 신으라. 국자 같은 도구를 사용할 때, 혹은 빈 박스 같은 것을 가지고 갈 때 물건을 손끝이나 손바닥, 혹은 손등 위에 올려놓고 균형을 잡아보라. 두 개의 물건을 동시에 공중으로 던지고는 그것들을 한 손에 하나씩 다시 잡아보라. 일단 한번 해보면 거의 모든 물건을 피트니스 기구로 활용할 수 있음을 깨닫게 될 것이다.

어떻게든 한 발짝이라도 더 움직여라

움직이는 건 생명 유지에 필수적인 일이며, 살아 있음의 표시다. 그렇다면 직업상 많이 움직이는 사람들은 자동적으로 건강에 좋은 생활을 하고 있다고 보아도 되는 것일까? 꼭 그렇지는 않다. 단조로운 움직임을 반복하거나 너무 몸을 많이 쓰는 일은 오히려 해가 될 수도 있고, 마모 현상으로 이어질 수도 있기 때문이다. 그렇다면 능동적으로 몸을 움직여 주는 생활을 하라고 할 때, 그것은 어떤 움직임을 말하는 것일까?

일상적 움직임도 물론 건강에 좋지만, 의식적으로 운동이나 훈련을 해주면 더 좋다. 산책을 하거나 계단을 오르는 활동도 건강에 과소평가할 수 없는 좋은 영향을 미치기는 하지만, 의도적인 협응 운동을 통해 더 확실한 효과를 볼 수 있다. 운동을 할 때는 세 가지 기본 요소가 중요하다. 첫째는 지구력, 둘째는 근력, 셋째가 활동성,

즉 탄력 더하기 장력이다.

운동이나 훈련의 종류에 따라 이들 중 한 가지 혹은 두 가지, 가장 좋은 경우 세 가지 모두를 훈련할 수 있다. 여기서도 중요한 것은 '혼합'이 효과를 낸다는 것이다. 다양성은 중요한 요소다. 신체에 계속 같은 형태의 하중을 가하는 것은 마모 현상을 부를 위험이 높기 때문이다. 동일한 동작을 반복하는 운동선수들에게서 마모가 곧잘 관찰되는 것도 그런 이유다. 그렇다고 이제, '아 그러면 집에 편안하게 누워 있는 것이 장땡이로구나' 생각하는 사람이 있다면, 유감스럽지만 그건 아니다. 소위 '카우치 포테이토족'은 운동선수 다음으로 심한 마모 현상을 겪는 사람들이다. '정상적으로' 자주 몸을 움직여 주는 사람들의 관절과 뼈가 카우치 포테이토족과는 비교 불가능하게 마모가 적다는 사실을 기억하라.

운동을 할 때 컨디션이 좋아지고 몸이 가뿐해지는 걸 느끼는 이유도 그래서다. 내적인 게으름을 극복하고 운동을 하고 나면 대부분의 경우 몸에 훨씬 생기가 돌 것이다. 좀 더 자주, 좀 더 여러 모양으로 움직여 줄수록, 운동기관, 신진대사, 심혈관계에 더 좋은 일을 하는 것이다. 그 이상으로 자신의 몸에 잘해주고 싶다면 하루 한 번, 잠깐이라도 땀이 나도록 움직여 주라. 운동을 하든, 잔디를 깎든, 계단을 오르든, 축구를 하든, 무슨 활동으로 땀을 내든 무방하다.

하루에 한 번 땀을 내주라니 쉽지 않다 싶겠지만, 대부분의 경우 일상생활만 해서는 사실 운동량이 부족하다. 그러므로 가만히 죽고 있는 것보다는 어떻게든 한 발짝이라도 더 움직이는 것이 신체에 활력을 더할 수 있다는 점을 명심하라. 쓰레기를 버리기 위해 3층에서 걸어서 계단을 내려와도 좋고, 장을 볼 때 차를 가져가는 대신 배낭을 메고 걸어서 마트에 다녀오는 것도 좋다. 엘리베이터 대신 계단을 이용해도 좋다. 속도를 좀 높여서 약간 운동하는 느낌으로 다니면, 운동을 하지 않아도 되는 것은 아니지만, 건강 계좌에 한 푼이라도 더 플러스가 될 것이다. "티끌 모아 태산"이라는 속담처럼 말이다.

꼭 하루에 만 보를 걸을 필요는 없다

'그래도 운동은 싫어'라고 생각을 하는 사람에게 조금쯤 부담을 경감시켜 주기 위해 말하자면, 그냥 기본적으로 어떤 움직임이든 집에서 퍼질러 앉아 있는 것보다는 낫다고 생각하라. 꼭 하루에 만 보를 걸을 필요는 없다. '하루 만 보'가 무슨 만병통치약처럼 추천되지만 학문적으로 입증된 것은 아니다. 하루 만 보라는 것이 상징적인 개념이 된 것은 1964년 도쿄 하계 올림픽에 맞추어 만보기가 출시되었기 때문이다. 당시 1만 보까지 걸음을 세주는 기계가 처음 등장하다 보니 하루 만 보가 건강을 챙기는 방법으로 유명세를 타게 되었다.

구체적인 목표를 정하는 것이 도움이 된다면, 일상적인 움직임 외에 추가로 하루 30분 정도 걷는 것을 목표로 삼으라. 그러면 일상에서의 여타 걸음 수와 합쳐 대략 7500보 정도가 될 것이다. 이 정도 걸어주면 심혈관계 질환 위험이 상당히 저하된다는 것이 최신의 학문적 인식이다.

능동적인 라이프 스타일이 유익하다는 것은 부인할 수 없으므로, 이제 문제는 규칙적인 운동을 하느냐 마느냐가 아니라, 어느 정도로 해야 하는가일 것이다. 우선은 운동의 강도가 중요한 역할을 한다. 걸음 수는 같더라도 30분간 조깅을 하는 것과 그냥 산책을 하는 것은 다르다. 개인의 상태를 고려해야 하므로, 싸잡아 조언을 하는 건 불가능하다. 어린이와 청소년은 어른보다 활동량이 더 많을 것이고, 운동을 좋아해서 평소 취미로 운동을 하는 사람들도 있다. 반대로 질병 때문에 운동이 여의찮은 사람들도 있다. 개인차는 얼마든지 있다. 하지만 분명한 건 어떤 이유로든 움직이지 않으면 건강에 좋지 않다는 것이다. 특히나 운동이 많이 부족하지 않아도 노화 현상들이 여기저기서 불쑥불쑥 얼굴을 내미는 중년 이후에는 더욱 운동에 신경을 써주어야 한다.

아주 힘든 운동은 유익할까, 해로울까

일반적인 경우는 규칙적으로 여러 신체 활동을 하는 것으로 충분히 건강을 유지할 수 있다. 평소 운동을 하지 않던 사람이 갑작스레 심한 운동을 하는 것은 바람직하지 않다. 하지만 평소 훈련이 되어 있는 경우, 우리의 신체는 정말 대단한 능력을 발휘할 수 있다. 정형외과 의학박사인 우베 쉬츠Uwe Schutz와 방사선과 의학박사 크리스티안 빌리히Christian Billich는 정말 힘든 운동을 하는 것이 신체에 어떤 영향을 미치는지를 알아보고자 현장 연구 차원에서 MRI를 지참하고 트랜스 유럽 풋 레이스Trans Europe Foot Race 2009 대회에 따라갔다. 이 대회는 67명의 울트라 마라톤 선수들이 64일에 걸쳐 이탈리아의 바리에서 출발하여 노르웨이의 노르카프까지 장장 4500킬로미터가 넘는 거리를 달리는 대회다. 하루도 쉬는 날이 없이 하루 평균 70킬로미터를 달려야 하는 여정이었다.

이 두 의사를 위시한 울름 대학교의 연구팀은 세미트레일러에 MRI 장비를 싣고 다녔는데, 총 무게가 27.5톤에 이르렀다. 실험 참가자들은 3~4일에 한 번씩, 총 대회 일정 동안 약 15~17회의 MRI 검사를 받았다. 전체의 조직, 즉 피하조직, 근육, 힘줄, 근막, 인대, 뼈, 연골에 과부하가 걸릴 때 어떤 일이 일어나는지를 보는 것이 연구자들의 목표였다. 이와 더불어 여러 가지 데이터도 수집되었다. 심전도EKGs를 통해 심장 기능 검사가 이루어졌으며, 혈액 속의 스트레스 지수를 측정했고, 심리 질문지를 통해 심리 상태도 진단했다.

총 67명의 참가자 중 45명의 마라톤 선수들이 완주에 성공했고, 자원하여 연구에 참가한 44명 중에는 30명이 노르카프의 피니시 라인을 통과했다. 건강 데이터를 의학적으로 평가한 결과는 참으로 놀라웠다. 훈련된 몸이 얼마나 적응 능력을 발휘하는지가 드러난 것이다. 관절 연골은 처음에는 일단 마모되었으나, 나중 단계에서는 동일한 부하가 유지되었음에도 기대에 반해 다시금 재생되기 시작했다. 두뇌에서도 비슷한 현상을 관찰할 수 있었다. 부하가 계속되면서 뇌의 회색 세포는 평균적으로 6퍼센트 정도 감소했다. 이것은 자연스러운 노화 과정에서도 일어나는 일인데, 노화 과정에서 발생한 손실은 돌이킬 수 없는 반면, 운동선수들의 뇌는 다시금 완전히 회복되었다. 대회를 마치고 8개월 뒤의 MRI 검사에서 그런 사실이 드러났다. 대회 마지막쯤 두 사람에게서 피로골절이 나타난 것만 제외하면, 뼈도 전반적으로 극도의 운동 부하에 놀라울 정도로 잘 견디었다.

근막과 관련해서도 놀라운 사실이 드러났는데, 바로 아침의 근막 상태를 보고 그 사람이 그날 목표 거리를 완주할지, 어느 정도의 시간에 완주할지를 예측할 수 있었다는 것이다. 근막이 '쌩쌩'할수록, 더 능력을 발휘할 수 있는 것으로 나타났다.

가장 좋은 헬스기구는 자신의 몸이다

규칙적으로 운동을 할 의욕이 생기는가? 좋은 현상이다! 미리 한 가지 귀띔하자면, 가장 좋은 헬스 기구는 자신의 몸이라는 사실을 기억하라. 근막 건강을 위해 맨몸운동이 좋다는 건 앞에서 이미 언급했다. 맨몸운동은 보조 기구 없이 자신의 체중만으로 운동하는 것을 의미하고, 추가적으로 아령 같은 것을 활용하는 걸 웨이티드 칼리스데닉스Weighted Calisthenics라고 한다. 장을 본 뒤 배낭을 짊어지고 걸어오는 것도 이에 해당한다.

턱걸이, 크런치(윗몸일으키기와 비슷해 보이지만, 상체를 바닥에서 완전히 들어 올리지는 않는 운동), 스쾃, 뜀뛰기, 팔굽혀펴기 등이 자신의 체중을 활용하는 고전적인 맨몸운동에 속한다.

운동을 할 때 근력 훈련에 중점을 두고, 가동성moblility 훈련은 등한시하는 사람이 많은데, 가동성이 동반되지 않으면 근력이 센 것은 아무 의미가 없다. 가령 보디빌더처럼 근육량이 많다고 그 힘을 자동적으로 사용할 수 있는 것은 아니기 때문이다. 어떤 운동을 통해서든 근육을 만들어주면 운동하지 않았을 때보다 힘이 세지는 건 사실이다. 하지만 일상생활을 할 때건, 운동을 할 때건, 힘을 지속적으로 쓸 수 있는 근지구력이 중요하다. 평소 생활에서든, 운동을 할 때든, 문제가 되는 것은 일회성으로 최대의 힘을 발휘하는 것이 아니라, 되도록 오랫동안 반복되는 부하에 견디는 능력이기 때문이다.

혼자서 주차된 자동차를 너끈히 밀 수 있다면 엄지척이다. 하지만 무거운 장바구니를 들고 마트에서 집까지 걸어오려 한다면, 추가적인 부하를 감당하며 장시간 움직일 수 있는 능력이 관건이다. 충분한 힘이 있는 사람은 헉헉대지 않고, 다칠 위험이 없이 그 일을 감당할 수 있다.

한편 만 41세에서 85세에 이르는 3878명을 대상으로 한 브라질 스포츠의학자 클라우디오 길 아라우조Claudio Gil Araujo의 연구는, 운동을 반복하는 것 자체보다 운동을 실행할 때의 빠르기가 건강에 더 중요한 지표임을 보여준다. 클라우디오 길 아라우조는 얼마나 빠르게 움직일 수 있는지를 사망 위험의 지표로 삼을 수 있다며, 연구에서 가장 빠른 동작을 취했던 그룹의 사망률이 가장 낮은 것으로 나타났다고 지적했다. 그 밖에 근육 트레이닝을 하면 마이오카인Miokine이라는 호르몬이 생성되는데, 이 호르몬은 전신에서 이루어지는 신진대사에 긍정적인 영향을 미쳐 여러 가지로 건강을 증진하는 것으로 나타났다. 근육은 호르몬과 유사한 신경전달물질의 분비에 관여한다. 코펜하겐 대학교수 벤테 페데르센Bente K. Pedersen은 이런 맥락에서 "근육은 인체에서 신진대사에 관여하는 최대의 기관"이라고 말했다.

걸어 다니는 대신
뛰어다니기

내가 하는 피트니스의 기본은 스스로의 필요와 일상적 조건에 맞추어 시행하는 맨몸운동이다. 피트니스 센터에 다니거나, 규칙적으로 사람들과 어울려 운동을 할 만한 틈이 별로 없다 보니, 나 스스로 '제로 피트니스'라고 이름 지은 운동을 활용하게 되었다. 제로 피트니스는 운동할 틈이 없다 해도 포기하지 말고 운동을 하루 일과에 끼워 넣자는 것이다. 시간이 부족하다고 하여 어깨를 한번 으쓱하고는 유튜브에서 다른 사람이 운동하는 모습이나 구경하고 있어서는 안 된다.

제로 피트니스, 즉 시간 투자를 0으로 하는 운동은 따로 시간을 내어 피트니스 센터에 가지 않고 일상적인 움직임을 개인적인 피트니스 프로그램의 일부로 만드는 것이다. 약간의 창조성을 발휘하면 일상적인 활동을 혼자 혹은 함께하는 운동으로 만들 수 있다.

손주들과 계단을 네발로 기어 올라가면 전신 운동이 되고 재미도 있을 것이다. 소림사 승려들이 산을 마구 달려 올라갔다가 네발로 기어 내려오는 행동을 밥 먹듯이 하는 것도 공연한 일이 아니다. 출근길에 지하철역이나 버스 정류장까지 마구 달린 뒤에 몸에 활기가 생기는 것을 경험한 적이 있을 것이다. 평소 길을 갈 때 걷는 대신 뛰어 다니는 것도 좋은 제로 피트니스다. 왜 뛰어가나 하고 사람들이 뒤를 돌아볼지도 모르지만 몸은 그런 습관을 고마워할 것이다. 굳이 그렇게까지는 하고 싶지 않거나, 약속 장소에 나가는데 땀을 내고 싶지 않은 사람은 뛰지 않는 대신 걸음을 빨리하라. 그것만 해도 운동 효과가 난다. 아울러 엘리베이터를 타는 습관을 버리고 계단을 이용하라.

내가 젊을 적부터 제로 피트니스를 활용하기 시작한 것은 대부분의 사람들이 너무나 잘 아는 문제 때문이었다. 할 일이 너무나 많아 시간이 없는 것이다! 시간을 훔치지 않는다면, 어디서 시간이 생긴단 말인가? 어떻게 할지 고민하던 중에 나는 어떤 연구 결과를 보게 되었다. 규칙적으로 운동에 시간을 할애하지 못하더라도 몸에 강도 높게 부하를 가하는 행동과 휴식하고 이완하는 행동을 교대로 하면 단기간에 그에 못지않은 효과를 볼 수 있다는 내용이었다.

그동안 '인터벌 트레이닝'이라는 개념으로 알려진 이 방법을 나는 나의 일상에 맞게 '번역'하여 유익을 꾀했다. 출퇴근길, 지하철역에 오갈 때 보통 걸어 다녔는데 뛰어 다니기 시작한 것이다. 걸어서 10분 걸리던 거리를 이를 악물고 3분 만에 주파하였다. 그 결과 한 번 갈 때마다 7분을 절약했고, 하루에 30분 가까이를 벌었다. 그렇게 지하철역까지 뛰어 다니면서 컨디션이 더 쌩쌩해졌다.

근육과 근막을 늘려주는 것의 이점

나는 이렇게 시간이나 비용을 투자하지 않고 일상생활 속 건강한 습관을 만들었다. 그 이후로 어딜 가야 할 때면 뛰어다니기 시작했다. 출근길에 서둘러 전철을 탈 때도, 아침에 막내아들을 유치원에 데려다줄 때도 그랬다. 아이를 안고 껑충껑충 달려갔다.

'아이고, 바빠서 힘든데 뛰어다니기까지?'라는 생각이 들지 몰라도, 그렇게 함으로써 심혈관계와 림프계의 건강을 증진할 수 있다. 그리고 의식적인 제로 피트니스를 통해 한 운동기관에만 일방적으로 부하를 가하지 않고 골고루 운동시켜 줄 수 있다. 몸무게가 25킬로그램인 아들을 안고 뛰어갈 때는 아들의 손을 잡고 천천히 걸어갈 때와는 다른 근육, 힘줄, 관절이 사용된다. 가능하면 부하가 다양하게 이루어지도록 목말을 태우고 가기도 하고, 안을 때 오른팔과 왼팔을 교대로 쓰며, 빠르기도 달리했다. 그렇게 하면 특정 부위에 일방적인 부하가 주어지는 것을 피할 수 있다. 이 점은 신체의 유연성을 유지하는 데 중요하다.

제로 피트니스를 실행한 덕분에 내 몸은 그동안 꽤 다져져서, 어쩌다 피트니스 센터를 가도 모든 기구를 문제없이 활용할 수 있게 됐다. 처음에는 그렇게 하는 나 자신을 보고 스스로 놀랐다. 그도 그럴 것이 내 몸은 피트니스 센터에서 규칙적으로 땀을 내며 근육으로 다져진 몸과는 전혀 거리가 멀기 때문이다.

언젠가 올림픽에서 금메달을 딴 체조선수의 이야기를 읽었다. 운동선수 생활을 접은 뒤 그래도 몸은 좀 유지해야겠다 싶어서 피트니스 센터에 갔는데 모든 기구, 모든 웨이트 트레이닝이 너무나 시시하게 느껴지더라는 것이다. 그래서 건강을 유지하기 위해 다시금 일주일에 세 번 체조를 한다고 했다.

이런 이야기를 읽으며 비밀은 바로 근막에는 있다는 걸 깨달았다. 체조는 근육, 힘줄, 인대, 근막을 쭉쭉 펴주고 늘여주는 운동이다. 그리하여 다른 운동을 하기 전 보조운동으로도 활용된다. 근육과 근막을 늘여주는 것은 이미 말했듯이 그 기능에 상당히 중요한 영향을 미친다. 그렇게 하면 근막이 유착되지 않아서 근막의 기능이 더 살아나기 때문이다. 반면 고립 운동은 근육 하나하나를 키우는 데는 효과적일지 몰라도, 근육이 힘을 발휘하게 하는 데는 역부족이다.

나는 레그 프레스를 하면서 이 사실을 깨달았다. 레그 프레스는 등을 대고 반쯤 누운 자세에서 체중을 실어 발을 힘껏 밀어주는 운동으로, 발을 접었다 폈다 하면서 다리 근육을 훈련시킨다. 그러나 오로지 다리 근육만 훈련이 된다. 그러므로 아령을 들고 스쾃을 하는 것이 그보다 훨씬 효과적이다.

이와 비슷한 효과를 내는 것으로 한 발로 서서 스쾃을 하는 방법도 있다. 한 발로 서서 한 다리는 앞으로 쭉 뻗어주고, 서 있는 다리를 굽혔다 폈다 해주라. 그러면 그런 움직임을 가능케 하는 근육이 훈련될 뿐 아니라, 내가 젓은 자루처럼 옆으로 넘어지지 않도록 신체의 균형을 잡아주는 근육과 힘줄도 함께 훈련이 된다. 이런 운동은 대퇴근에는 레그 프레스를 할 때와 같은 작용을 해줄뿐더러, 나머지 신체도 훈련시켜 주어 일거양득의 효과를 볼 수 있다.

그러므로 자신의 체중을 이용하는 것을 기본으로 하여 틈날 때마다 제로 피트니스를 해보길 추천하고 싶다. 이런 추천을 하는 것은 제로 피트니스가 내 개인적인 취향에 맞기 때문이기도 하지만, 무엇보다 나 자신이 그것을 실행하여 뚜렷한 효과를 보았기 때문이다. 하지만 부지런히 피트니스 센터를 다니는 것이 재미있고 좋은 사람은 당연히 피트니스 센터를 다녀도 좋다.

그냥 앉은 자세로도 가능하다

별로 힘이 들지 않는 간단한 연습을 통해 근육과 근막을 효과적으로 훈련할 수 있다. 약간의 창조성과 자신의 신체에 대한 감, 꾸준함만 있으면 된다.

일상생활 중에도 신체의 순환을 촉진하고, 신체에 활기를 불어넣을 기회가 얼마든지 있다. 꼭 수영장이나 요가 센터에 다니지 않아도 좋다. 우리는 이미 앞에서 청소를 하면서도 건강에 좋은 일을 할 수 있음을 보았다(호텔 객실 청소부를 대상으로 한 연구). 무엇보다 청소하는 동작들을 피트니스 트레이닝의 일종으로 볼 수 있다는 걸 의식한다면 말이다. 청소기를 밀고, 창문을 닦고, 욕실 청소를 하는 등

남의 손을 빌리지 않고 손수 청소를 하면 다양한 동작을 통해 근육과 관절을 다양하게 훈련할 수 있어, 돈을 절약할 뿐 아니라 건강 계좌에 소중한 예금을 넣어둘 수 있다.

배달 서비스를 활용하거나 차를 몰고 장을 보러 가는 대신, 걸어가거나 자전거를 타고 장을 보러 가서 구입한 물건들을 들고 집으로 돌아오는 것도 방법이다. 이런 일은 자칫 귀찮게 생각될지 몰라도, 건강 유지에 상당히 도움이 되는 활동이다. 가사도우미 서비스나 배달 서비스를 포기하고 싶지 않다면, 그렇게 해서 아낀 시간을 그냥 소파에 누워 텔레비전 드라마를 보는 걸로 낭비하지 말고, 신선한 공기를 마시며 조깅을 하든가 하라.

뻔한 소리로 들릴지 몰라도, 자세히 보면 일상의 많은 자질구레한 일들이 운동 부족을 조금은 만회해 줄 수 있음을 알 수 있다. 조금 더 의식적이고 적극적으로 임한다면, 그냥 만회하는 데서 그치지 않고, 일상의 움직임을 통해 체력 향상을 가져올 수 있을 것이다.

그냥 앉아있는 자세에서도 제로 피트니스는 가능하다. 조금만 상상력을 발휘하면 전철을 타고 가거나 병원 대기실에서 기다릴 때 그냥 '가만히 앉아' 있지 않고, 그 시간을 활용해 피트니스 훈련을 할 수 있다. 내가 개인적으로 즐겨 하는 동작은 장시간 회의를 할 때, 앉은 자리에서 양팔을 의자에 대고 팔에 힘을 실어 몸을 위로 들어 올리는 느낌을 내는 것이다. 이런 동작은 순환을 촉진시킬 뿐 아니라, 삼두박근을 훈련시키며, 그 밖에 상체의 균형을 잡는 데 사용되는 배 근육과 등 근육도 함께 키운다. 자리가 충분하고 부담 없는 사람들에게 둘러싸여 있을 때는, 앉은 상태에서 한 번씩 다리를 앞으로 쭉쭉 뻗어주면서 상체의 균형을 잡는 훈련을 한다. 난도 높은 훈련으로는 아들을 무릎에 앉힌 채로 친구들과 브런치를 먹는 것이 있다.

열린 눈으로 상황을 주시하고, 어떻게 하면 신체 자세를 좀 변화시켜 볼 수 있을지를 조금만 생각하면 우리 모두 이런 연습을 할 수 있다. 나의 모토는 이것이다. "피트니스 센터에 가지 말고, 피트니스 센터가 내게 오게 하라."

물론 처음 내가 이렇게 의식적으로 제로 피트니스에 임했을 때 나를 보고 웃는 이들이 많았다. 지금도 약간은 그렇다. 아들을 등에 올린 채 거실에서 팔굽혀펴기를 하거나, 놀이터에서 아이를 목말을 태운 채 턱걸이를 하면 사람들이 웃는 것도 당연한 노릇이다. 하지만 지금까지 그런 일을 삼가달라고, 왜 대체 스스로 동물원의 원숭이가 되느냐고 이의를 제기한 사람은 없었다. 아, 참고로 야생에 사는 원숭이는 관절염 같은 문명 질병에 시달리지 않는다는 사실!

맨몸운동 활용 프로젝트

1 일상을 피트니스 트레이닝의 연장으로 보라

나는 이런 관점, 내지 방법을 '제로 피트니스'라고 부른다. 이것은 상당히 유익하다. 별도로 운동기구나 운동할 장소가 없어도 언제 어디서나 운동할 수 있다. 굳이 비싼 돈을 내고 피트니스 클럽 회원이 되지 않아도 되니 돈도 절약되고, 운동하기 위해 굳이 어디론가 가지 않아도 되니 시간도 절약된다. 특히 운동을 싫어하는 사람들에게 안성맞춤이다. 별도로 힘든 시간과 노력을 들일 필요가 없으니 말이다. 하지만 운동을 좋아하는 사람들도 유익하게 활용할 수 있다. 본격적인 운동을 시작하기 전에 워밍업으로 제로 피트니스를 하면 좋을 것이다.

2 자신의 필요와 개인적인 체질을 고려해 난이도를 조절하라

평범한 스쿼트이 지겨운 사람은 동작에 변화를 주어도 좋다. 한 발로 서서 다른 발을 앞으로 쭉 뻗어 발가락을 몸 쪽으로 당기라. 이런 동작은 근력과 협응력뿐 아니라, 복사뼈 관절과 엉덩이 관절의 움직임을 평소보다 더 많이 요구한다. 처음에 이런 동작을 취하는 것이 불가능할 것처럼 느껴지더라도 차츰차츰 연습해 보라.

3 상상력을 발휘하라

건강을 챙기기 위해 곡예사가 되거나 기계체조를 배울 필요는 없다. 규칙적으로 신체를 두루두루 움직여 주고 운동해 주는 것으로 충분하다. 활력이 솟고, 관절의 활동성이 개선되는 것을 한번 맛보면, 자신의 능력과 신체 상태에 맞게 응용하거나 더 적절한 운동을 알아볼 마음이 생길 것이다. 기본적인 원칙은 하고 싶은 것은 뭐든 해도 좋다는 것이다.

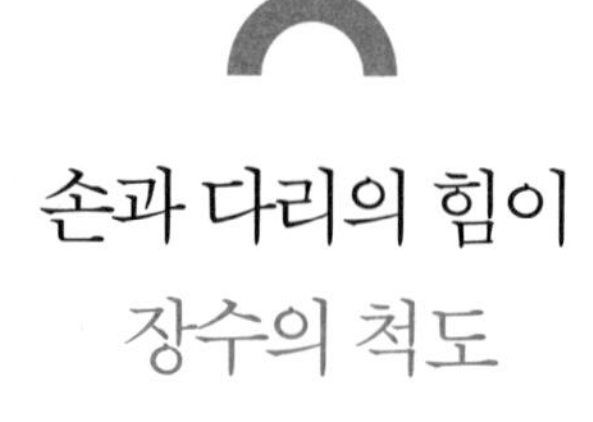

손과 다리의 힘이 장수의 척도

움직임이 적고, 잘못된 자세로 살아가다 보면 나이 들면서 가동성이 점점 감소한다. 그러나 많이 힘들이지 않고 가동성을 증가시키는 훈련을 할 수 있다. 불가피한 피로로 말미암은 노화에 대처하기는 더 어렵지만, 이런 노화에 대처하는 것 역시 불가능하지 않다. 가동성은 근육과 근막 섬유의 탄력성, 그리고 관절을 사용할 수 있는 개인적인 운동 반경에 좌우된다. 해부학적으로 타고난 가동 범위는 개인적으로 차이가 나지만, 그 안에서 신체의 가동성을 유지하고, 점진적으로 나타나는 가동성의 제한을 늦출 수 있다. 활동이 가능한 범위에서 신체를 부지런히 움직여 주면 마모 현상을 거스를 수 있다. 가동 범위 내에서 적극적으로 관절을 써주었을 때 관절이 경화가 덜 되고, 관절염도 생기지 않는다는 건 전문가들도 인정하는 사실이다. 그 이유는 확실하다. 움직이는 가운데 뼈, 근육, 그리고 그 주변 조직에 산소와 영양소 공급이 이루어지고, 신진대사 최종산물도 운반된다. 하지만 우리 대부분은 하루를 보내며 아주 제한된 움직임만 하고 있지 않은가? 급성 통증이 있는 경우가 아닌 한, 늘 같은 루틴으로 움직이고 특정 움직임을 아예 피하다시피 하는 것은 잘못된 일이다. 신체의 소리에 귀를 기울이고, 다른 사람들이 보지 않는 틈을 타서 어떤 움직임이 가능한지 시험해 보라! 개구리처럼 뛰어도 보고, 황새처럼 걸음을 크게 떼어도 보고, 뱀처럼 몸을 비틀며 구불구불 움직여도 보고, 곰처럼 네발로 걸어도 보고, 원숭이처럼 철봉에 두 손으로 매달려도 보라. 여러 종류의 움직임을 통해 평소 잘 쓰지 않는 근육과 근막을 스트레칭해 줄 수 있다. 근육과 근막이 여러분에게 감사할 거라고 확신하는 바이다. 또는 반대로 여러분이 그것들에게 감사하거나.

하루를 지내면서 종종 기지개를 켜주고 스트레칭을 해주면 근육과 근막에 정말로 좋다. 의식적으로 기회를 찾아보라. 생각보다 기회가 많을 것이다. 찻물을 끓이기 위해 전기 주전자 앞에 서 있을 때, 회의 중간 주어지는 휴식 시간에, 전화를 하면서 등등. 강아지나 고양이를 기르는 사람은 이 동물들이 얼마나 자주 기지개를 켜는지 보았을 것이다. 애완동물을 본받으라. 몸이 개운하게 느껴질 것이다! 문틀이 허락을 한다면, 문틀에 한 번씩 매달려 보라. 힘들겠지만 아주 효과가 좋을 것이다. 중력을 통해 온 근육, 근막 섬유를 늘여줄 수 있기 때문이다. 아울러 이렇게 매달리는 운동을 하면 손힘도 세져서 다음에 잼 뚜껑 같은 것을 열려고 할 때 평소보다 더 쉽게 되거나, 무거운 장바구니를 한 손으로 너끈히 들고 가는 자신을 발견하게 될 것이다. 거꾸로 의도적으로 병마개를 따거나 무거운 장바구니를 들고 다니는 행동으로 손힘을 기를 수도 있다. 손과 다리의 힘은 장수의 척도이다. 이 두 힘이 센 사람일수록 기대수명이 더 길다.

뇌의 회색 세포를 어떻게 자극할까

되도록 다양하게 움직여 주는 것이 신체에 좋은 작용을 한다는 것은 이미 여러 번 이야기했다. 그런데 다양한 움직임이 좋은 또 다른 이유가 있다. 바로 다양한 움직임을 통해 뇌의 회색 세포를 자극할 수 있기 때문이다. 새로운 동작을 배우는 것은 3단계 과정으로 이루어진다. 우선 동작을 배우고, 다음으로 동작을 실행할 수 있게 되고, 마지막으로 반복을 통해 그 동작을 아주 잘 구사할 수 있게 된다. 배우는 동안 뇌 속에서 기존의 시냅스가 더 강화되거나, 필요한 경우 새로운 시냅스가 만들어진다.

이런 과정을 자극하기 위해 두어 달에 한 번씩 새로운 운동을 시작할 필요는 없다. 똑같은 운동도 루틴을 벗어나 변화를 줄 수 있다. 이를테면 뒷걸음으로 계단을 오르내려 본다거나, 평소 오른손으로 했던 양치질을 왼손으로 해보라. 운동을 좋아하는 사람이라면 조깅과 수영, 춤을 번갈아가면서 해도 좋을 것이다. 특별히 운동을 하지 않고 일상 중에 부지런히 움직여 주든, 여가를 이용해 운동하든, 부지런히 신체를 다양하고 적절하게 움직여 주는 사람은 심신의 건강함, 민첩함, 젊음을 유지할 수 있다.

단조로움과 편안함을 추구하는 것은 늙어가는 지름길이다. 아이들이 얼마나 호기심 있게 주변을 관찰하는지 유심히 살펴보라. 아이들은 왜 그렇게 할까? 모든 것이 새롭고 흥분되기 때문이다. 날마다 아이들의 뇌에 쏟아지는 새로운 인상, 감각적 자극 덕분에 아이들은 엄청 빠른 속도로 성장하고 발달한다.

그런 다음 스무 살쯤 되면 인간의 뇌는 어느 정도 다 자란 상태가 된다. 그렇다고 더 이상 변하지 않는다는 말은 아니다. 뇌세포뿐 아니라 시냅스도 필요에 따라 계속해서 생겨나고 퇴화한다. 여기서도 창조성을 발휘할 수 있다. 가령 한 번은 자전거, 자동차, 한 번은 도보, 이런 식으로 출근길의 모습을 달리한다면, 별로 힘들이지 않고 뇌에 새로운 자극을 줄 수 있다.

여행을 가면 이런 효과는 특히나 두드러진다. 카리브해건, 슈바르츠발트건, 뉴욕이건, 아니면 시골에서 휴가를 보내건 간에, 여행을 떠나면 새로운 장소, 문화, 새로운 음식, 새로운 사람들을 접하게 되고, 새로운 자극을 얻는다. 눈과 귀를 활짝 열고 여행을 하는 사람은 재충전할 수 있을 뿐 아니라, 몸과 뇌에 신선한 자극을 불어넣을 수 있다.

관심사와 취미가 다양한 것도 뇌 유연성을 증가시킨다. 다양할수록 더 좋다. 햇볕 좋은 날 정원에서 잡초를 뽑아주면 신선한 공기를 마실 수 있을 뿐 아니라, 신체의 순환과 산소 공급, 체내의 비타민D 합성도 촉진된다. 영화관에 가서 영화를 보는 것을 통해서는 지적 자극과 사회적 자극을 얻을 수 있다.

많은 사람이 친구를 사귀면서 이런 자극을 느껴봤을 것이다. 직업이나 사회적 배경이 서로 다르고, 개성도 사뭇 다른 친구들은 우리가 가진 면 중 평소 등한시하던 면을 일깨워 주고, 그래서 그들과의 만남이 더 신선하게 느껴진다. 어떤 친구들은 우물 안 개구리처럼 살던 우리로 하여금 좁은 시야 너머의 넓은 세계를 보게 해준다. 그리하여 우리는 자신의 의견만이 옳은 게 아님을 깨닫고, 나와 다른 의견도 받아들일 수 있게 되며, 더 다양한 것들에 관심을 갖게 되어 품이 넓은 사람이 될 수 있다.

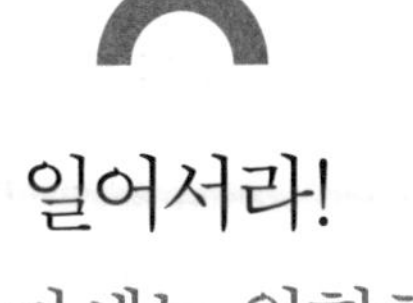

일어서라!
앉은 자세는 위험하다

자, 이제 굉장히 불편한 진실을 이야기할 때가 되었다. 그것은 우리 몸에 가장 안 좋은 것은 바로 앉아 있는 자세라는 사실이다. 거의 80만 명의 환자를 분석하여 2012년에 발표한 메타연구에 따르면 많이 앉아 있는 사람은 제2형 당뇨 및 심혈관 질환의 발병률이 높을 뿐 아니라, 평균 수명을 못 채우고 사망하는 비율이 높은 것으로 나타났다. 이제 속으로 '아, 나는 괜찮아. 나는 사무실까지 자전거로 출퇴근을 하고, 여덟 시간 근무를 한 뒤에는 규칙적으로 조깅도 하고 수영도 하잖아.'라고 생각하는 사람이 있다면, 이 연구를 주재한 엠마 윌모트Emma Wilmot에게 핀잔을 들을지도 모른다. 이 학자에 따르면 운동은 물론 건강에 좋은 것이지만, 많이 앉아 있는 것을 상쇄하지는 못하며, 많이 앉아 있는 것에 대한 유일한 대응책은 단 한 가지, 앉아 있지 않는 것이기 때문이다.

서서 작업할 수 있는 책상을 활용하거나, 앉아 있다가 규칙적으로 일어나는 것이 얼마나 도움이 되는지, 즉 최소 얼마만큼의 시간을 서서 작업해야 하며, 앉아 있는 것의 부정적인 결과를 예방하기 위해 어느 정도의 주기를 두고 일어서 주어야 하는지에 대해서는 아직 신빙성 있는 연구 자료가 없는 실정이다. 하지만 명백한 것은 움직여 주는 것이 알파와 오메가라는 것이다. 앉아 있으면 신진대사, 순환, 호흡의 빈도가 느려지며, 이것은 결국 건강상의 위험을 내포한다. '오래 앉아 있는 것은 제2의 흡연'이라는 말이 나온 지 오래이며, 최근에는 앉아 있는 것으로 말미암아 발생하는 신체 불편을 일컫는 '의자병'이라는 신종 질환도 생겨났다. 노르웨이 스포츠과학 대학의 울프 에케룬Ulf Ekelund과 레스터 대학교의 토마스 예이츠Thomas Yates는 한 메타연구에서 100만 명 이상 남녀의 데이터를 분석했는데 이 연구 결과를 한마디로 표현하면, 바로 오래 앉아 있으면 조기 사망한다는 것이다.

사무실 근무자들의 전형적인 평일 하루 일과를 상상해 보라. 앉아서 아침을 먹고, 자동차·버스·전철에 앉아 출퇴근한다. 그 중간에 여덟 시간을 책상 앞에 앉아 있고, 앉아서 저녁을 먹고, 이어 또 소파에 앉아 텔레비전을 본다. 이런 일과를 눈앞에 그려보면, 온종일 움직여 주도록 만들어진 몸에 우리가 못 할 짓을 하고 있음이 확실히 느껴진다.

대부분 앉아 있어야 하는 환경에서도 되도록 많이 움직여 주기 위해서는 자신의 움직임 패턴을 약간 깰 필요가 있다. 루틴을 많이 벗어나는 것이 어려운 직업도 있겠지만, 그럼에도 자신의 건강을 위해 머리를 굴려보지 않을 이유가 어디 있으랴. 처음에는 습관이 안 되어 자꾸 까먹을 수도 있고, 약간의 인지 능력을 동원해야 할 수도 있지만, 창의력을 발휘해 보라. 가령 전화를 받을 때 앉아서 받지 않고 스트레칭을 하면서 받도록 해보라. 처음에는 스트레칭을 하면서 대화를 따라가려면 상당히 의식적으로 집중력을 발휘해야 하겠지만, 아마 조금만 지나면 뇌가 가뿐히 적응해서 이런 과업을 마스터할 수 있을 것이다.

움직이지 않는 사람은 빨리 늙는다

구부정한 신체 자세는 예로부터 노화의 지표였다. 하지만 점점 많은 사람이 컴퓨터 앞에서 일과를 보내게 되면서 요즘에는 어깨가 구부정한 젊은이들이 늘어나고 있다. 이것은 원인 불명의 증상이 아니다. 모니터 작업을 하며 장시간 잘못된 자세로 움직이지 않고 앉아 있음으로써 근육 및 근막 심유, 관절이 경직되고 움직임이 부자연스러워지는 것이다.

신경계가 새로운 동작을 배우려면 동작을 반복해 주어야 한다. 복잡한 동작일수록 더 많이 반복해 주어야 한다. 이것은 근육, 인대, 근막의 탄력성에도 해당된다. 따라서 성공의 열쇠는 꾸준함이다. 매일 연습하면 된다. 처음에는 무릎을 쭉 뻗은 상태에서 허리를 굽히면 손가락 끝이 바닥에 간신히 닿을 정도겠지만, 꾸준히 하다 보면 어느 순간 너끈히 손바닥으로 바닥을 짚을 수 있을 것이다.

모든 움직임에는 근육, 힘줄, 인대, 근막뿐 아니라 신경계도 참여한다. 뭔가를 손으로 꽉 잡는 행동은 꽤 복잡한 과정이다. 손 각각의 구성 요소를 조절하여 의도적으로 움직여 주어야 한다. 그런 움직임을 능숙히 실행하는 능력은 건강의 지표이기도 하다. 실행되는 움직임이 까다로울수록, 협응력과 근력이 우수할수록, 그것을 실행하는 신체의 건강이 양호하다고 볼 수 있다.

점프력, 손과 다리의 힘은 생물학적 노화의 지표이다. 일상에서 이런 힘이 어떤 의미를 지니는지 몇 가지 예를 통해 실감할 수 있다. 손힘이 좋은 사람은 버스나 전철에서 손잡이를 잡고 잘 서 있을 수 있고, 계단에서도 난간을 잡고 곧잘 오르내릴 수 있으며, 잼 뚜껑 같은 물건도 스스로 열 수 있다. 남의 도움을 받지 않고 스스로 생활하는 데 무리가 없다는 이야기다. 다리 힘도 마찬가지다. 다리 힘이 있으면 무엇보다 넘어지지 않으므로, 이동하는 데 무리가 없고 활발한 움직임이 가능하다. 이것은 결국 정신에도 좋은 영향을 미친다. 좋은 소식은 우리가 이런 힘을 훈련하면, 건강 상태와 심신의 컨디션이 좋아진다는 것이다.

운동선수들도 이런 훈련에서 얻을 것이 많다. 그들은 가령 아침에 일어나자마자 단거리 달리기를 하거나, 박수 팔굽혀펴기(클랩 푸쉬업, 팔굽혀 펴기를 했다가 올라올 때 박수를 치는 운동)를 함으로써 근력, 순발력과 더불어 신경계도 훈련한다. 이런 방식으로 나중에 시합에서 최대의 능력을 발휘할 수 있도록 극기와 의지력을 다진다. 이런 인식으로부터 '신경운동neuro athletics'이라는 전문분야도 생겨났다.

늘 습관처럼 몸을 움직이며 사는 연습

1 활동적으로 살자

물론 은퇴를 한 사람들은 이젠 좀 편안하게 한 템포 늦추어 가도 좋을 것이다. 하지만 분명한 점은 마냥 편하게 사는 것보다는 활동적으로 사는 편이 건강에 좋다는 사실이다. 적극적으로 취미 활동을 한다든지, 자원봉사 활동을 한다든지, 새로운 운동을 시도한다면 삶에 자극이 되고 의욕도 샘솟는다. 뇌의 젊음을 유지하는 데도 이런 활동이 중요한 도움이 된다. 명심하라. '쓰지 않으면 녹슨다.'

2 움직이며 살자

적게 움직이면, 신체에 산소와 영양소 공급이 충분히 이루어지지 않는다. 그 밖에 장시간 한 자세로 가만히 있는 것은 신체에는 굉장한 부담이다. 그러므로 늘 습관처럼 몸을 다양하게 움직여 주라. 걷고, 자전거도 타고, 계단도 오르고, 장 본 것들이 담긴 배낭을 메고 집까지 걸어오는 등 마음만 먹으면 일상 속에서 다양한 운동이 가능하다.

3 양보다 혼합이 중요

근력, 지구력, 유연성 및 활동성, 이 세 가지가 신체를 움직일 때 훈련하게 되는 요소들이다. 많이 움직이는 사람이 이런 능력을 더 많이 훈련하게 되는 건 사실이다. 그러므로 매일 30분 이상 운동을 해주는 것이 좋지만, 본격적인 운동의 경우 때로는 적은 것이 더 많은 것이 될 수 있음을 유의하라. 신체가 능력을 발휘한 다음에는 충분히 쉬어주어 운동기관이 회복되도록 해야 한다.

기록 향상을 목적으로 운동을 하는 게 아니라면 일주일에 세 번 정도가 적당하다. 여러 종류의 운동을 번갈아 해주면 심신의 건강에 굉장한 도움이 될 것이다. 지구력 운동만 하지 말고 반드시 근육 트레이닝으로 보완하라. 이것은 나이 들수록 명심해야 하는 사항이다. 유감스럽게도 나이 들어가면서 근육량이 감소하기 때문이다. 의도적으로 훈련을 해줌으로써 이런 과정을 늦출 수 있다.

4 일상에서 다양한 움직임을 실행하라

일상에 피트니스를 끌어들이는 건 생각보다 쉽다. 조금만 생각을 바꾸면 된다. 감자를 깎을 때는 쪼그린 자세로 깎으라. 청소기를 돌릴 때는 청소기를 끌고 다니지 말고 손에 든 채로 먼지를 빨아들이라. 빨래를 널 때는 빨래 바구니에서 빨래를 무심코 집지 말고, 스쾃 자세로 몸을 구부려 근육을 훈련해 주라. 이런 식으로 아이디어를 내면 평소 잘 안 쓰는 근육들을 훈련할 수 있을 것이다. "티끌 모아 태산"이라는 속담을 명심하라. 별도의 시간을 투자하지 않더라도 이러한 작은 몸짓이 모이면 충분한 운동이 될 것이다.

5 '운동 안경'을 쓰고 일상을 보라

열린 눈으로 바라보면 일상의 많은 상황을 피트니스 훈련으로 삼을 수 있다. 신발 끈을 맬 때도 앉아서 매지 말고 서서 다리를 쭉 뻗은 자세로 매면 그 자체로 스트레칭이 된다. 그렇게 제로 피트니스가 실행되는 것이다! 전화를 받을 때도 가만히 앉아서 받지 말고 일어서서 돌아다니라. 동료에게 이메일을 보내는 대신 직접 찾아가서 논의하라. 멀지 않은 거리는 자동차나 버스, 전철을 이용하지 말고 자전거를 이용하라. 진공청소기 돌리기, 차 닦기 등의 자질구레한 집안일을 일상의 피트니스로 만들라. 이 모든 활동에서 자신의 신체를 피트니스 도구로 활용하라.

6 자주 어딘가에 매달리라

할 수 있다면 정글짐이라든가 철봉 같은 곳에 원숭이처럼 매달려 보라. 매달린 채 이리저리 이동할 수 있으면 더 좋다. 나뭇가지에 매달려 몸을 이리저리 흔들어봐도 좋고, 밧줄에 매달려 가급적 손만 써서 올라갔다 내려왔다 해도 좋다. 전신, 특히 팔과 몸통에 이보다 더 좋은 운동은 없다. 일상에서도 마트를 다녀올 때 가득 찬 장바구니를 이리저리 흔들면서 걷는다면 상체에 비슷한 운동 효과를 낼 수 있다. 이런 활동으로 얻을 수 있는 트레이닝 효과는 근육을 고립시켜 운동하는 고립 웨이트 트레이닝으로는 얻을 수 없다. 그리고 바벨보다는 아령 두 개로 운동하는 것이 더 효과적이다. 근육, 관절, 근막에 더 균형이 잡히고 안정되기 때문이다.

7 피트니스 센터 대신 여러 세대가 함께하는 동네 놀이터 운동기구를 활용하라

요즘에는 어린이 놀이터 옆에 어른을 위한 운동기구들이 설치된 곳이 많다. 제법 여러 가지 운동기구가 설치되어 있다. 이런 운동기구와 놀이터에 있는 시설은 나이와는 무관하게 이용할 수 있으니 이것들을 적극 활용하면 좋을 것이다. 이차피 손주들과 함께 놀이터에 간다면 그냥 벤치에 앉아 아이들 노는 것만 구경하지 말고 그 기회를 틈타 기구들을 활용해 아이들과 적극적으로 신체 활동을 하면 좋을 것이다. 손주들을 돌볼 필요가 없는 사람들도 마찬가지다. 이보다 더 좋은 피트니스 코스는 없다. 게다가 신선한 바깥 공기를 마시며 무료로 이용할 수 있지 않은가. 매달리기, 기어오르기, 균형 잡기, 뜀뛰기는 전신을 쓰는 운동이다. 이런 운동을 할 때 근육, 인대, 근막에 충분한 스트레칭과 운동이 되고, 관절도 굽었다 폈다 할 수 있으며, 어깨, 엉덩이 관절이 넓은 반경으로 회전하게 된다. 물론 개인적인 신체 상태에 따라 가동 범위가 제한되어 있지만 꾸준히 반복함으로써 가동 범위는 늘어날 수 있다. 한번 해보라!

등이나 허리가 아플 때는 '일단 매달려 주는 것'이 정말 효과가 있다. 미끄럼틀에 올라가는 사다리에 매달려도 좋다. 꽤 단련된 사람은 철봉에 무릎을 걸고 철봉을 손으로 잡은 상태에서 머리를 아래로 한 채 매달릴 수도 있을 것이다. 근막 건강을 챙기고 싶은 사람은 줄넘기를 애용하라. 줄넘기를 그저 아이들 놀이쯤으로 여기는 사람들도 있지만, 여러 종류의 스포츠에서 줄넘기를 훈련 프로그램의 필수 운동으로 넣어놓은 것도 다 이유가 있어서다. 영화 〈록키 발보아〉에서 록키 발보아를 연기한 실베스터 스탤론이 복싱 경기를 앞두고 줄넘기를 하던 장면이 기억나는가? 용수철처럼 뜀뛰기를 하는 운동은 신체의 전반적인 근육을 단련해 주고, 결합조직 섬유를 탄력 있게 만들어주며, 신체의 순환도 촉진해 준다.

8 가끔은 단조로운 운동 패턴을 깨라

현대인은 옛날 사람들보다 움직임이 확연히 줄어들었기에, 신체에 불균형한 하중이 가해지기 십상이다. 진화생물학자이자 운동연구가인 마르틴 피셔는 요통과 등 통증은 직립보행을 하면서 우리의 등 근육이 주된 하중을 담당하고 배 근육이 등한시됨으로 말미암은 당연한 귀결이라고 지적한다.

이런 인식에 근거하여 마르틴 피셔는 요통이나 등 통증에 시달리는 사람들을 위한 '응급 프로그램'을 제시한다. 피셔의 추천은 바로 뒷걸음으로 50~100보 걸어주는 것이다. 이런 익숙하지 않은 동작을 통해 근육을 다르게 쓰게 되면 금방 통증이 없어지고 불편이 사라진다고 한다. 나는 이런 조언을 활용하여, 허리는 아프지 않지만, 틈틈이 뒷걸음으로 걷곤 한다.

5

(네 번째 공식 : 수면)

나이 들수록 잠이 중요하다

푹 자면
더 건강해지고 더 젊어진다

우리는 일생의 3분의 1가량을 잠으로 보낸다. 잠을 자는 시간이 인생을 낭비하는 시간처럼 느껴지는 사람이 있는가? 그렇다면 엄청난 착각을 하고 있는 것이다! 수면은 생명 유지에 꼭 필요한 활동이다. 우리 몸, 무엇보다 우리의 뇌는 규칙적으로 충분한 수면을 취하지 않으면 제대로 기능하지 못한다. 계속 잠을 재우지 않는 것이 가혹한 고문 방법인 것도 공연한 일이 아니다.

우리의 일상에서 강제로 수면이 박탈되는 경우는 없지만, 그래도 충분한 수면을 취하지 못하는 사람은 너무나 많다. 이른 아침에 억지로 잠에서 깨어 출근하거나 등교하는 사람들이 부지기수이며, 직업적으로 야간에 근무하는 사람들도 많고, 직업 활동이나 사생활에서 받는 스트레스로 밤에 잠 못 드는 사람들도 많다. 베를린 샤리테 병원 수면의학연구소의 수면연구가 잉고 피체Ingo Fietze는 직장인의 약 80퍼센트가 수면장애를 겪고 있다고 지적한다.

그러나 이런 풍경은 수면을 둘러싼 실상의 일부일 따름이다. 원래 수면이 엄청나게 중요하다는 것은 우리 모두 알고 있다. 그럼에도 우리는 대체로 잠이 부족한 사회에 살고 있다. 잠의 양이 부족할 뿐 아니라 질도 떨어지는데, 이것이 건강에 중대한 결과를 초래하고 있다. 나이 든 세대도 마찬가지다. 아니, 나이 든 세대가 더욱 그러하다.

건강한 수면이란 어떤 것일까?

건강한 성인은 잠이 들었다가 깨는 사이에 90분 정도로 이루어진 수면 주기를 네 번에서 일곱 번까지 반복한다. 하나의 수면 주기마다 여러 단계를 거치는데, 처음에 가볍게 잠이 들어 점점 깊은 잠으로 들어가며(1~4단계), 나중에는 렘REM 수면 단계(5단계)가 온다('REM'은 'Rapid Eye Movement'의 약자이다). 렘수면을 취할 때 우리 눈은 눈꺼풀이 감긴 상태에서 안구를 이리저리 빠르게 움직인다.

이런 안구의 급속한 움직임은 활발한 뇌 활동을 동반한다. 이와 관련하여 그동안 추측만 해오던 것이 2015년에 밝혀졌는데, 간단히 말하자면 렘수면에서 우리 눈은 꿈속에서 일어나는 사건을 따라가고, 뇌는 꿈속에서 보는 바를 처리하는 것으로 나타났다. 그런데 렘수면이 다른 수면 단계들과 구분되는 특징이 급속한 안구 운동 하나만은 아니다. 렘수면 단계에서는 무엇보다 혈압이 오르고, 심장 박동과 호흡도 빨라진다. 그리고 다른 수면 단계보다 꿈을 더 많이, 생생하게 꾼다. 깨어 있는 상태와 가장 비슷하다고 하여 렘수면은 '역설수면paradoxical sleep'이라 불리기도 한다. 수면에 대해서는 아직 많은 것이 수수께끼로 남아 있다. 렘수면의 정확한 기능도 수수께끼다. 하지만 여러 연구가 렘수면이 두뇌에서 일어나는 학습 과정과 긴밀한 관계가 있다는 견해를 확인해 준다.

성인의 경우 렘수면은 전체 수면시간의 약 20~25퍼센트를 차지한다. 여덟 시간 수면을 취한다고 했을 때 두 시간에 해당하는 셈이다. 나머지 여섯 시간은 다른 수면 단계에 할애된다. 렘수면을 제외한 수면 단계들을 '논Non 렘수면', 내지 '오르토수면ortho sleep (제대로 된 정통 수면이라는 뜻)'이라 부른다.

이런 수면 주기는 모든 인간에게 공통적으로 나타난다. 하지만 늙지 않는 공식과 관련하여 우리의 관심사인 '건강하고 젊게 살기 위해 수면에서 무엇을 유의해야 할까?'라는 질문은 일괄적으로 답하기가 쉽지 않다. 잠이 얼마나 필요하고, 언제 수면을 취하는 것이 좋을지는 사람마다 다르기 때문이다.

다행히 이런 질문과 관련하여, 최신 수면 연구 결과로부터 유용한 도움을 받을 수 있다. 수면 유형과 수면 패턴을 구분하는 것 외에도 연구 결과를 통해 알 수 있는 실천 가능한 지식들이 있다. 물론 어떤 것들은 쉽게 실행에 옮길 수 있고, 어떤 것들은 실행에 옮기기가 좀 어렵지만 말이다. 아무튼 자신의 수면 습관을 돌아보고 바람직하게 바꾸어줄 부분이 있으면 변화를 적극적으로 모색하는 것이 좋을 것이다.

가슴에 손을 얹고 생각해 보라. 수면을 통해 건강과 젊음을 유지할 수 있다는 생각을 해본 적이 있는가? 물론 수면만으로는 안 되지만, '올바른 수면'이 생각보다 건강에 많은 기여를 한다는 사실을 잊지 말라!

'아침형 인간'은 그리 많지 않다

수면에 대해 우리 모두가 동의하는 바는 충분히, 푹 자야 한다는 사실이다. '그거보다 쉬운 일이 어딨어?'라는 생각이 드는가? 하지만 이것만 해도 그리 쉬운 일은 아니다. 보통은 하루 여덟 시간 자는 것이 예로부터 기준처럼 되어 있다. 하지만 필요한 수면 시간은 개인에 따라 많이 차이가 난다. 하루에 네 시간만 자도 협상 테이블에서 머리가 잘 굴러가는 사람이 있는가 하면 어떤 사람은 최소 아홉 시간은 자고 나서야 그런 일이 가능하다. 열 시간에서 열두 시간은 침대에 누워 있어야 컨디션을 회복할 수 있는 사람도 있다. 평균적으로는 일고여덟 시간 정도의 수면을 취했을 때 개운하게 잤다고 느끼는 것으로 나타났다.

수면 시간뿐 아니라, 언제 자느냐도 중요하다. 아침형 인간과 야행성 인간이 있다는 것은 수면의학에서 별 이의가 없는 기정사실이다. 심한 종달새형과 심한 올빼미형은 사회생활이 쉽지 않다. 우리 사회가 기본적으로 이 두 유형에 배치되는 생활 패턴을 자꾸 강요하기 때문이다.

하지만 흥미롭게도 뚜렷이 아침형 혹은 저녁형 인간이라 구분할 수 있는 사람은 그리 많지 않다. 보통 사람의 생체 리듬은 그리 극단적이지 않고, 중간에서 왔다 갔다 한다. 저명한 수면 연구가인 틸 뢰네베르크Till roenneberg는 이런 보통 사람들을 '비둘기'라 칭한다. 비둘기형 인간은 도시에 거주하는 진짜 비둘기만큼이나 흔하다. 성인의 반 이상이 이런 중간 유형에 속한다. 따라서 당신이 아침에는 늘 너무나 졸리고 밤에는 잠들기가 힘들다면, 그것은 아마 타고난 유형 때문이 아니라, 만성적인 수면장애에 시달리고 있기 때문일 확률이 크다.

대체로 수면 유형은 유전적으로 정해진다. 하지만 한번 정해졌다고 평생 변하지 않는 건 아니다. 대부분의 경우 시기에 따라 유형이 변한다. 어린아이를 키우는 부모는 아이들이 거의 종달새로 태어난다는 것을 알 것이다. 그러다가 10대쯤 되면 도무지 아침에 일어나기를 힘들어해서 부모들의 속을 태운다. 그리고 늙어가면서는 대다수가 밤잠이 줄어들고, 아침에도 일찍 일어난다. 대신에 낮 동안에 잠깐씩 꾸벅꾸벅 졸곤 한다.

우리의 신체리듬은 이러한 수면 유형에 강하게 영향을 받는다. 그러나 어느 정도 외부적인 요소도 신체리듬에 영향을 미친다. 무엇보다 햇빛과 온도가 체내의 시계에 영향을 미치는 중요한 요소다. 물론 우리로서는 캠핑이라도 가야 이들이 체내 시계를 조절한다는 것을 실감할 수 있다. 보통 때는 밤에도 늘 인공조명이 켜져 있고, 온도도 비슷하게 유지되는 실내에서 생활을 하니 말이다.

그러다 보니 우리의 하루는 해가 뜨고 지는 것과 무관하게 시작되고, 아침마다 자명종 소리에 깨어나는 현대인의 하루는 자못 길다. 그리하여 기본적으로 현대인은 수면 연구에서 '사회적 시차증'이라고 부르는 상태에서 살고 있다. 여행도 가지 않았는데, 시차가 있는 듯 피곤한 상태에서 살아가게 되는 것이다. 시간 유형상 저절로 사회가 요구하는 박자와 맞아떨어지는 종달새형 인간들만이 운이 좋은 축에 속한다.

낮잠을 자는 것이 좋을까?

그나저나 나이팅게일이건, 종달새건, 비둘기건 간에, 당신은 밤잠만 자는 스타일인가? 아니면 낮잠도 좀 자주는 스타일인가? 우리 대부분이 '보통'의 수면 패턴이라 생각하는 밤에만 자는 수면 패턴을 '단상 수면monophasic sleep'이라 부른다. 즉 밤에는 자고, 낮에는 기본적으로 깨어 활동하며 기껏해야 잠시 꾸벅꾸벅 조는 정도의 수면 패턴을 말한다. 하지만 우리가 태어날 때부터 이런 수면 습관을 가지고 있었던 것은 아니다. 오히려 반대다. 신생아들은 잠을 하루 24시간에 걸쳐 많이 자고, 또 아무 때나 깨어나서 갓 부모가 된 이들을 힘들게 하지 않는가.

자라면서 낮잠이 줄어드는 것은 우리가 거주하는 사회의 생활 습관 탓도 있다. 대부분의 나라에서 단상 수면이 대세인 반면, 스페인이나 다른 더운 나라들에서는 전통적으로 '이상 수면biphasic sleep'을 취해왔다. 즉 밤잠을 적게 잔 뒤 한낮에 시에스타, 즉 서너 시간 정도의 긴 낮잠으로 잠을 보충했던 것이다. 사회 전체가 이렇듯 시에스타를 행해온 이유는 기후 때문이었다. 여름에 한낮에는 무더워서, 농사를 짓거나 건축 현장에서 일하는 등의 육체노동이 도무지 가능하지 않았던 것이다. 그리하여 이른 오후에 느긋하게 모자란 잠을 보충한 뒤에 저녁이 되어 시원해지면 낮에 못다 한 일을 만회하는 문화가 확산되었다. 밤잠을 청하는 시간은 자연스럽게 늦은 시간으로 밀려났다. 현대에 들어 정치, 경제적으로 다른 나라들과 긴밀히 맞물려 돌아가게 되면서, 시에스타는 많이 사라졌지만 아직도 시에스타 문화가 남아 있는 직업군도 있다. 휴가를 받았을 때의 리추얼로도 남아 있고, 은퇴한 사람들과 어린이들도 낮잠을 자곤 한다.

이렇게 이상 수면을 취할 수 있는 사람은 수면 연구의 관점에서 보면 굉장히 행운이라고 할 수 있다. 그도 그럴 것이 이상 수면 모델은 우리의 자연스러운 수면 행동에 가장 근접하기 때문이다. 오늘날 우리가 평범한 것 내지 이상적인 것으로 여기는 단상 수면, 즉 밤잠을 내리 자고 낮에 자지 않는 수면은 산업 혁명이 일어나면서 관철된 것으로, 역사적으로 볼 때 그리 오래되지 않은 습관이다. 미국의 역사학자 로저 에커치Roger Ekirch가 《잃어버린 밤에 대하여*At*

Day's close: Night in times Past》에 흥미롭고 상세하게 기록한 바에 따르면 산업혁명 전 몇백, 몇천 년간 인간들은 밤에 자지 않고 깨어 있었다.

단상 수면이든 이상 수면이든 두 모델 모두 하루 기준으로 평균 일고여덟 시간의 수면을 취한다. 하지만 굳이 이렇게 긴 시간을 눈붙이고 있지 않으려는 사람들도 있다. 그들은 시간을 벌고 더 능률을 발휘하기 위해 수면 위상phase을 줄여, 다상 수면polyphasic sleep 내지 분할 수면을 취하고자 한다. 다상 수면 혹은 분할 수면이란 하루 동안 규칙적인 간격을 두고, 비교적 짧게 잠을 자는 것을 말한다. 밤에 약간 길게 주된 수면을 취해주고, 나머지 수면 시간을 20~30분 길이의 파워내핑Powernapping으로 구성할 수도 있고, 주된 수면 위상이 없이 수면 시간을 순전히 파워내핑으로만 구성할 수도 있다.

분할 수면은 기본적으로 수면 효율을 극대화하고자 하는 방법인데, 사실 렘수면이 없이는 뇌가 회복되지 않는다. 가능하면 한 번의 수면 위상을 짧게 하되, 이 위상들이 모여 밤에 길게 자주는 단상 수면만큼의 회복 효과를 낼 수 있도록 하는 것이 관건이다. 이런 수면법을 실행하는 사람들은 보통 하루 총 수면 시간이 두 시간에서 다섯 시간 사이를 왔다 갔다 한다. 축구선수 크리스티아누 호날두는 하루에 다섯 번, 90분간씩 수면을 취하여 하루에 총 일곱 시간 반을 자는 분할 수면을 취하는데, 이 수면법은 호날두의 건강 관리법으로 유명세를 탔다.

이렇듯 다상 수면은 여러 가지 형태를 띨 수 있지만, 이런 수면법이 보통의 사회생활, 일반적인 직업 활동과 조화를 이루기가 힘든 건 어쩔 수 없는 현실이다. 대양을 횡단하는 항해를 하거나, 군사작전에 투입되었을 경우에는 다상 수면이 엄청나게 유익하거나, 아니면 어쩔 수 없이 다상 수면을 취할 수밖에 없다. 하지만 그런 특수한 상황이 아니고는 다상 수면으로 기대할 수 있는 유익은 그로 인한 신체적 부담이나 건강상의 리스크보다 크지 않다. 만약 당신이 다상 수면을 취한다고 하면, 그로 인해 확보된 밤 시간에 무엇을 할 것인가? 다른 사람들은 모두 쿨쿨 자고 있고, 상점 및 많은 시설도 다 닫혀 있는데 말이다.

원래 유전적으로 적게 자도 괜찮게끔 태어나지 않은 이상, 어떤 형태로든 다상 수면을 취하면 장기적으로는 무리가 있으리라는 것이 전문가들의 공통된 의견이다. 또한 수면 시간을 여러 개로 분할하다 보면 결국 렘수면을 잃게 되는데, 렘수면은 원활한 뇌 기능에 필요한 수면이다.

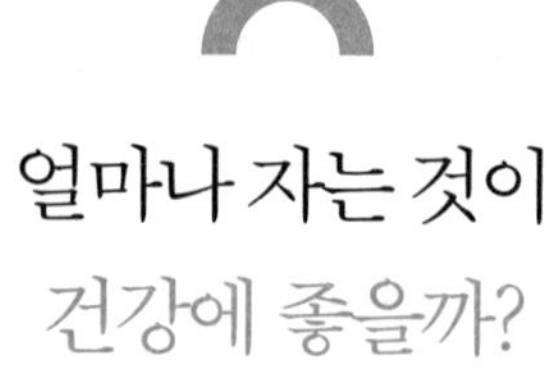

얼마나 자는 것이 건강에 좋을까?

언제, 얼마큼의 잠을 자야 하는지, 혹은 얼마나 적은 잠으로 견딜 수 있는지는 대부분 유전으로 정해진다. 보통은 하루 일곱 시간 정도 규칙적으로 수면을 취해주는 것이 좋다고 전문가들은 말한다. 수면 부족이 생기지 않으면 부족한 것을 해소할 필요도 없으니 말이다. 그리고 적어도 다섯 시간은 자야 한다. 이것이 절대적인 최소한도다. 장기간에 걸쳐 그 이하로 수면을 취하면 건강의 위험을 초래하며, 쥐를 대상으로 한 실험이나 희귀병인 치명적 가족성 불면증Fatal Familial insomnia에서 볼 수 있는 것처럼 최악의 경우 죽음에 이를 수도 있다. 물론 여기서 직접적인 사인은 수면 부족 그 자체가 아니라, 수면 부족으로 인해 생긴 병이었다.

잠을 못 자면 부주의해지고 집중을 잘 못 하거나, 감정적으로 행동하게 되며, 그러다 보면 각종 사고가 발생할 확률이 높아진다. 독일 교통안전공단DVR의 통계에 따르면 고속도로 교통사고의 약 4분의 1이 핸들을 잡고 잠시 깜박 조는 데서 비롯된다. 독일 산업안전보건공단은 2015년 교통사고 상해자를 약 10만 명, 사망자는 약 900명으로 추산했다. 이외 가사노동이나 여가 활동 중에 빚어지는 사고 중 어느 정도가 잠을 푹 잤다면 일어나지 않았을 실수에서 비롯되었는지는 신뢰할 만한 통계 자료의 부족으로 대답하긴 어렵다.

잠이 부족하면 사고 위험이 증가할 뿐 아니라 실수도 더 많이 하게 된다. 직장에서 장시간 근무하고 퇴근했다가도 일이 있으면 언제나 투입될 준비가 되어 있는 자세가 우리 사회에서 굉장한 미덕으로 여겨지는 것을 생각하면 역설적인 일이다. 일찌감치 잠자리에 들어야 하기에 저녁 약속을 하지 않는다거나 점심 먹은 뒤 잠시 낮잠을 자야 한다는 사실을 공공연히 공표하는 사람은 일을 싫어하는 것까지는 아니어도, 자칫 승진을 포기한 사람처럼 비칠 수 있다. 그러나 그동안의 수면 연구 결과를 생각하면 이것은 상당히 부당하다.

잠을 못 자면 편도체가 활성화된다

"일찍 일어나는 새가 벌레를 잡아먹는다." "아침은 황금을 입에 물고 있다."라는 말은 가히 우리 사회의 생활신조에 해당한다. 이에 맞추어 잠을 적게 자고도 견디는 사람들이 있다. 아침형 인간인 것이 자신의 성공의 비결인 양 말하는 정치인, 경제인 들이 사회의 수

많은 사람에게 모종의 압박을 행사하는 형국이다. 그들은 아침부터 일찌감치 일어나 부단히 뛰지 않으면 성공은 불가능하다는 식으로 분위기를 조성한다. 아침형 인간이 마치 능력 있는 인간인 듯한 사회 분위기 속에서 수면 문제는 어느덧 사회적으로 통용되는 화폐로 변질되었다.

하지만 밤에 엄청 오랜 시간 상의해서 내린 결론이 아침에 맑은 정신으로 보면 멍청해 보이거나, 맨정신이었다면 시간이 절약되었을 거라는 생각이 들 때가 얼마나 많은가. 수면 부족 상태에서는 뇌에서 자극을 감정적으로 처리하는 경향이 있으며, 이성적인 조절이 무력해진다는 것을 입증한 연구도 있다. 어떤 결정들이, 꼭 모여서 술 마시다가 툭 하고 내린 것 같은 인상을 주는 것도 우연이 아니다. 피곤한 상태에서는 위험을 감수하려는 경향이 높아지고, 원칙과 확신을 헌신짝처럼 내팽개치는 경우가 발생한다.

잠을 잘 못 잔 상태에서는 편도체가 더 강하게 활성화된다. 편도체는 뇌에서 감정과 공포감을 관장하는 중추로, 수면 부족 상태에서 인간은 어떤 정보에 대해 전반적으로 더 감정적으로 반응하는 것으로 나타났다. 이렇듯 수면 부족 상태에서 중립성이 무너지는 현상은 텔아비브 대학교 연구자들이 실험을 통해 입증했다. 이 실험에서 연구자들은 수면이 충분한지 부족한지의 여부와 관련하여 참가자들의 반응과 뇌파 검사가 서로 일치한다는 것을 확인했다.

따라서 잠을 너무 적게 잤거나, 양질의 수면을 취하지 못한 사람은 어떤 판단을 내릴 때 자신의 판단이 맞는지 약간 더 살피는 것이 좋을 것이다. 동료가 정말로 당신에게 그렇게 불친절한 것일까? 계산원이 정말로 그렇게 느린 것일까? 고객이 정말로 그렇게 뻔뻔한 것일까? 단지 당신이 잠을 못 자서 예민해진 것일 수도 있다.

우리 모두 잠이 부족할 때가 있다. 그런 현상은 비행기 출장을 많이 다니는 사람들, 신생아를 키우는 부모들, 항시 대기해야 하는 의사들, 장거리 비행을 하는 조종사들에게만 국한되지 않는다. 아마도 모두가 잠을 못 자서 약간 몽롱하고 졸린 느낌을 알 것이고 그럴 때 얼마나 집중력이 떨어지는지를 경험해 보았을 것이다. 수면 부족은 술 취한 것만큼이나 인지 능력을 저하시킨다. 그 이유가 무엇인지 학문적으로도 증명되어 있다. 연구에 따르면 이런 현상은 수면 부족과 술 취함에 공통된 생화학적 메커니즘 때문이다. 이 두 경우 아데노신이라는 전달물질이 뇌 속 스위치를 '말똥말똥함'에서 '피로함'으로 전환한다. 수면이 부족할 때와 술을 마셨을 때 어떤 사람에게서는 이런 현상이 일찍 찾아오고 어떤 사람들에게는 늦게 찾아온다. 그것은 유전적으로 타고난 체질에 따라 달라진다.

어느 순간 우리 모두는 이성을 잃지 않기 위해 잠을 자야 하는 지점에 도달한다. 그래서 주중에 많은 일정을 소화하는 사람들은 주말에 밀린 잠을 보충한다. 정말로 주말에 잠을 많이 자야 피로가 풀리기에 그렇게 하는 사람도 많지만, 이런 행동에는 주중에 쌓인 수면 부족으로 말미암은 리스크를 좀 상쇄해 보고자 하는 희망도 들어 있다. 좋은 소식은 원칙적으로 정말로 그런 상쇄가 가능하다는 것이다! 스톡홀름 카롤린스카 연구소의 연구팀은 13년간 약 4만 4000명의 수면 습관을 조사, 평가한 뒤 그런 결론을 내렸다.

먼저 한 가지 짚고 넘어가자면, 월요일에서 금요일까지 다섯 시간 미만의 수면을 취한다고 답한 응답자 중에 통계적인 기대수명에 도달하기 전에 사망한 빈도수가 높았다. 이것은 학문적으로 기대되던 바와 일치했다. 하지만 이 연구에서 좀 특기할 만한 것은 주중에 수면이 모자랐어도 주말에 잠을 많이 잔 사람들은 사망률이 더 높지 않더라는 것이다. 이는 주중에 못 잔 잠을 주말에 만회할 수 있음을 암시하는 결과다.

그렇다고 잠을 너무 많이 자는 것도 좋지는 않다는 것이 학자들의 견해다. 코너 와일드Conor Wild 박사를 위시한 캐나다 온타리오 대학교의 연구팀은 온라인 연구를 통해 그것을 규명했는데, 수면 패턴에 대한 상세한 설문 뒤 이어진 열두 개의 인지 능력 테스트는 잠을 너무 조금 자는 것뿐 아니라, 잠을 너무 많이 자는 것도 인지 능력과 사고 능력에 부정적인 영향을 미친다는 것을 보여주었다.

그 밖의 연구들에서도 너무 많이 자거나 너무 조금 자는 사람들은 질병 발병률이 더 높은 것으로 나타났다. 요통과 우울증뿐 아니라, 제2형 당뇨와 심장질환에서도 수면과의 연관성을 볼 수 있었다. 나아가 65세 미만인 동시에 하루에 아홉 시간 이상 잠을 자는 사람들은 평균 수명을 채우지 못하고 사망하는 빈도수가 높다는 지적도 있다. 물론 이런 연구 결과 앞에서 닭이 먼저인가, 계란이 먼저인가 하는 의문이 드는 건 사실이다. 오래 자기 때문에 병에 걸리는 것인가, 병에 걸려서 오래 자는 것인가? 하고 말이다.

플라시보 수면의 놀라운 효과

종합적으로 보자면, 영양 면에서도 그렇듯 수면 문제에도 우리 행동이 어느 정도 영향을 미칠 수 있다. 일례로 요가 수행자들 중에는 밤잠을 불과 두세 시간밖에 안 자는 사람들이 종종 있는데, 이들이 그럴 수 있는 것은 삶의 다른 영역들을 최적화했기 때문이다. 요가의 필수 구성 요소인 명상과 깊은 이완이 그들에게 재충전을 가능케 하기에, 그만큼 수면 시간을 줄일 수 있는 것이다. 채식에 지방이 적은 식사를 하는 아유르베다 식습관도 그에 기여한다.

소니아 리프케Sonia Lippke를 위시한 브레멘 야콥스 대학교의 연구팀은 식습관도 수면 필요량에 영향을 미칠 수 있음을 규명했다. 이 연구의 주된 질문은, 수면과 영양이 우리가 낮 동안에 개운한 컨디션으로 쌩쌩하게 지낼 수 있게 하는 데 얼마나 중요한 영향을 미치는가 하는 것이었다. 이 연구에서 50세 이상의 성인 126명을 대상으로 설문조사를 했는데, 그동안 주목받지 못했던 사실이 드러났다. 바로, 지방이 적은 식사를 한 사람들이 잠을 더 잘 자고, 낮 동안에 에너지가 충만해 있었다는 것이다. 무엇보다 식사와 양질의 잠의 협연이 수면 시간보다 더 강한 효과를 발휘하는 것으로 나타났다.

명절에 기름진 음식을 먹고 나면 왠지 피곤해지지 않던가. 지방이 적은 식사가 수면 필요량을 줄인다는 것은 명백한 사실이다. 한번 해보라! 해가 되지는 않을 것이다. 무엇보다 동물성 지방을 절제하는 것은 다른 건강상의 유익도 많으니 말이다.

결국 요가 수행자처럼 사는 것이 해결책일까? 물론 보통 사람들은 쉽사리 그렇게 할 수 없다. 하지만 수면 문제가 있는 사람은 심신 통일에 기반한 고대 인도 철학의 조언을 참고하면 좋을 것이다. 유명한 요가 수행자 사드구루Sadhguru는 몇 가지 규칙만 지키면, 우리 모두 지금보다 훨씬 더 잠을 적게 자도 무리 없이 지낼 수 있다고 강조한다. 양질의 건강한 음식을 먹되 소식할 것, 요가와 명상을 통해 심신을 돌볼 것, 밤잠을 자는 시간과 환경을 최적화해서 수면의 질을 전반적으로 개선할 것 등이 그가 제시하는 규칙이다.

어떤 음식을 먹고, 얼마나 운동을 하고, 어떤 마음가짐으로 살아가는가? 이 모든 것이 우리의 수면 필요량을 좌우한다. 나아가 잘 잤다는, 혹은 잘 못 잤다는 확신이 우리의 일반적인 컨디션뿐 아니라 인지 능력에도 영향을 미치는 것으로 나타났다. 콜로라도 대학교의 크리스티아나 드래가니치Christina Draganich와 크리스티 에르달Kristi Erdal은 164명의 자원자들을 대상으로 한 연구에서 일종의 '플라시보 수면'이 있음을 보여주었다.

두 학자는 실험 참가자들에게 우선 두 가지 정보를 알려주었다. 그 정보는 다음과 같다. 첫째, 수면 부족, 무엇보다 렘수면 부족은 집중력과 기억력에 부정적인 영향을 미친다. 둘째, 밤잠을 개운하게 자면 기억력과 집중력이 상승하고 못 자면 반대로 저하된다. 이어 학자들은 참가자들이 전날 밤잠을 잘 잤는지 못 잤는지를 조사한 뒤, 그들의 머리에 뇌파 검사 장치를 부착했다. 그러면서 이것으로 뇌파를 측정하여 지난밤 렘수면을 얼마나 취했는지를 측정할 수 있다고 말해주었다. 그러고는 다음으로 참가자들에게 뇌파 검사 결과를 알려주었는데, 사실은 정말로 뇌파를 측정한 것이 아니었다. 참가자들에게 뇌파 검사를 하는 척한 이유는 지난밤 수면에 대한 개인적인 평가와 무관하게, 참가자들에게 무작위로 지난밤 그들이 렘수면을 취했는지에 대한 결과를 통보하기 위함이었다. 즉, 각각의 참가자들에게 간밤에 얼마나 잘 잤는지에 대한 느낌을 불러일으키기 위해 가짜로 뇌파를 측정하는 척했던 것이다.

이어 참가자들은 통보받은 결과를 염두에 둔 상태로 기억력 및 집중력을 요하는 과제를 해결해야 했다. 그 결과는 정말 놀랍게도, 우리가 선지식과 고정관념의 영향을 강하게 받는다는 것을 적나라하게 보여주었다. 그리하여 잠을 잘 잤다는 통보를 받고 그렇게 믿은 사람들이 '아, 알고 보니 난 지난밤 잠을 잘 못잤군'이라고 믿은 사람들보다 과제에서 훨씬 좋은 점수를 받았다. 실제 수면의 질과는 전혀 무관하게 말이다.

심리학에서는 이런 현상을 '점화효과priming effect'라 부른다. 믿음이 산을 옮길 뿐 아니라 계산에도 도움을 주는 것이다. 어떤 이유로든 밤잠을 설쳤을 때, '아냐, 난 조금 잤어도 개운하게 잤어'라고 생각하며 플라시보 수면 효과를 활용하면 좋을 것이다. 하지만 장기적 봤을 때 이런 방법은 추천할 수 없다. 그도 그럴 것이 플라시보 수면 효과가 실제로 존재하기는 하지만, 그럼에도 규칙적으로 충분한 수면을 취해주지 않으면 점차 신체에 무리가 오기 때문이다.

NOTE

수면과 면역계

잠을 제대로 못 잔 사람은 투쟁-도피 반응fight or flight response에 빠지기 쉽다. 우리가 위협이나 스트레스에 대처하는 이 반응은 짧은 시간 안에 순발력을 발휘하게 해주어, 정말 심각한 경우 생명을 구할 수 있게끔 해준다. 하지만 수면 부족 상태가 지속되면, 비상시에 나타나는 이런 반응이 만성적으로 지속되어 심신에 부담을 주기 시작한다. 매일매일 비상에 걸려 있기라도 하듯, 계속해서 스트레스 상태에서 살아가는 것은 심각한 결과를 빚을 수 있다.

의학에서는 이런 경우를 '일반적응증후군General Adaptation Syndrome'이라고 말한다. 보통은 초기의 알람 상태에서 잠시 강한 저항력을 동원한 뒤 신체는 다시금 정상 상태를 회복한다. 하지만 스트레스 레벨이 떨어지지 않고 장기화되다 보면, 신체는 다 타버려 재만 남은 듯한 지친 상태가 되어버린다. 그래서 이제 더 이상 집중할 수 없고, 체중이 증가하고, 위장 질환이나 심혈관 질환, 우울증 등 각종 질환에 취약해진다.

허구한 날 잠을 자야 한다는 사실이 종종 진부하게 느껴지기도 하지만, 수면 부족의 결과는 우리의 기분과 다크서클에만 반영되는 것이 아니다! 그것은 종종 분자적 차원에서도 입증이 가능하다. 루시아나 베제도프스키Luciana Besedovsky를 위시한 튀빙엔 대학교 의료심리학/행동신경생물학 연구소 연구팀은 우리 면역계의 킬러 T-세포가 원활히 기능하려면 수면을 충분히 취해야 한다는 것을 보여주었다. 수면이 부족한 경우에는 면역력을 높이는 킬러 세포와 전달물질의 생산뿐 아니라, 기능에도 장애가 발생하며, 그러다 보면 나아가 암 발병 위험이 높아지는 상황이 조성된다.

잠을 제대로 못 잘 때는 어떻게 할까?

어떤 이유에서건 계속 잠을 제대로 못 잘 경우에는 어떻게 해야 할까? 그러면 많은 사람이 실컷 잠을 잘 수 있는 주말을 기다린다. 그런데 이런 경우 시에스타 전통을 되살려 보면 어떨까? 아이, 병자, 노인 들은 낮잠을 얼마든지 자도 뭐라 할 사람이 없지만, 평범한 직장인이 근무를 하다 말고 어떻게 낮잠을 자냐고? 그렇다. 보통은 그런 행동을 좋게 볼 사람이 없을 것이다. 직장에서 점심 먹고 한잠 자는 사람은 게을러 보이거나 생산성이 없어 보인다. 하지만 잠시 눈을 붙여주면 능률이 오르고 창의성도 의미심장하게 높아진다. 이것은 진부한 말처럼 들리지만, 학문적으로 확인된 사실이며 이에 의거하여 사원들에게 공식적으로 낮잠을 허용하는 기업도 늘고 있다. 직원들이 피곤할 때 들어가 쉴 수 있는 휴식 공간까지 제공하는 구글처럼 힙한 인터넷 기업뿐만이 아니다. 루프트한자에서는 조종사들이 낮잠을 자는 것을 규정으로 정해놓았다. 피곤한 상태에서는 실수할 확률이 커지므로 미리 예방하고자 '냅스naps'가 강력하게 권장되고 있는 것이다.

물론 잘 안 돌아가는 일들이 모두 수면 부족 때문인 건 아니다. 게다가 전체적으로 낮잠 문화를 조성하는 데는 비용이 만만치 않게 들어간다. 그럼에도 점점 더 많은 기업이 파워내핑을 통해 힘을 충전하여 다시금 업무 능률을 발휘하는 것을 긍정적으로 평가하고 있다. 파워내핑 문화가 경제계에서 어느 정도로 받아들여질지는 아직 더 지켜보아야 한다. 기업 수뇌부만이 그 효과를 실감하는 데 그쳐서는 안 되고, 직원들 스스로도 이 복지를 받아들일 준비가 되어야 하기 때문이다. 지금까지 직장에서 낮잠을 자는 것이 그리 좋은 이미지로 받아들여지지는 못했기에 이런 문화가 정착되는 데는 약간 시간이 걸릴 것이다. 하지만 피곤할 때 잠시 눈을 붙여주는 일은 정말로 유익하다는 사실이 드러날 것이다.

'수면의 교황'으로 유명한 수면의학자 위르겐 출라이Jürgen Zulley의 말대로 낮잠이 '우리의 생물학적 프로그램'에 부합한다는 것에 대해서는 더 이상 이견이 없다. 하지만 낮잠을 30분 이상 자는 건 추천하지 않는다. 그 시간을 넘어가면 숙면 상태에 들어가게 되어, 깨어난 다음에 다시금 곧장 능력을 발휘하기가 힘들기 때문이다. 이런 점에 착안해 위르겐 출라이는 '커피 트릭'을 추천한다. 낮잠을 자기 직전에 커피를 마시면 카페인의 작용이 나타나기까지 약 30분이 소요되기에 30분만 자고 반짝 눈을 뜨기가 쉽다는 것이다. 아울러 카페인의 효과로 말미암아 금방 다시 어렵지 않게 능률을 올릴 수 있다고 한다. 조금만 연습하면 아마 자명종 없이도 30분만 자고 일어날 수 있을 것이다.

파워내핑의 '전문가'들은 심지어 10분 정도만 눈을 붙이면 다시금 쌩쌩해져서 새로운 도전에 임할 수 있다. 조금만 습관이 되면 당신도 그럴 수 있을 것이다!

수면의 질은
어떻게 개선할까?

양질의 숙면을 취하기 위해 수면 리듬을 적절히 조절하는 일은 바람직하고 꼭 필요한 일이지만, 개운하게 자기 위해 점검해야 할 몇몇 다른 조건들도 있다.

'휴, 자는 일에까지 주의 사항이 있구나.'라는 생각에 약간 거부감이 드는가? 잠은 결국 마냥 쉬라고 있는 게 아닌가 하고 말이다. 하지만 몇 가지 간단한 사항만 유념해도 수면의 질이 더 높아진다. 숙면을 취하면 신체적, 정신적으로 능력을 발휘할 수 있을 뿐 아니라 수면 부족이 초래할 수 있는 건강상의 위험을 예방할 수 있다.

건강한 수면을 위한 체크포인트

1 적절한 매트리스를 마련하라

수면의 질을 결정적으로 좌우하는 것은 침대 시트 아래에 숨겨져 있다. 바로 매트리스다. 매트리스는 우리가 밤새 몸을 누이고, 최상의 경우 아주 편안히 숙면을 취할 수 있게 해주는 도구이다.

매트리스는 양질의 것으로 아주 세심하게 선택해야 한다. 무조건 값비싼 제품을 택하라는 말이 아니다. 그보다는 자신에게 맞는 매트리스를 선택하는 것이 중요하다. 푹신한 정도, 라텍스냐 말털 스프링이냐 등등 어떤 매트리스가 좋은지는 체격과 몸무게, 무엇보다 개인의 취향에 따라 달라진다. 매트리스 전문점에 가서 실제로 누워보고 어떤 제품이 자신에게 맞는지 찾아야 한다. 자신에게 맞는 적절한 매트리스를 쓰면 그만큼 수면의 질이 상승할 것이다.

배우자의 체격이 자신과 상당히 차이가 난다면, 일체형 매트리스 대신 매트리스를 따로 쓰는 것도 고려해 볼 만하다. 자신에게 맞는 매트리스에서 자면 훨씬 더 개운한 잠을 잘 수 있으니 말이다.

2 침실 온도를 적정하게 하라

거실에서는 따뜻하고 포근하게 지내더라도, 침실은 약간 서늘한 편이 낫다. 평균적으로는 섭씨 20도 이하가 취침에 좋은 온도다. 물론 개인에 따라 쾌적하게 느끼는 온도는 각각 다르다. 수면 중에 추워서 몸을 떨거나, 땀을 흘리지 않는 정도로 맞추어야 한다.

자신이 어떤 온도에서 숙면을 취하는지를 시험해 보라. 침실을 냉장고로 만들거나 오븐으로 만들지 말아야 할 것이다. 20도 정도라 온도가 적정해 보이는데도 너무 덥거나 춥다고 느낀다면, 일단은 이불 두께로 조절해 보라.

3 잠자리에 들기 전에 침실을 충분히 환기하라

침실의 공기 질도 중요하다. 창문을 열어둔 채 자고 싶은 사람들이 많겠지만, 외부의 방해 요소가 없는 것이 확실하지 않다면 창문을 닫고 자는 것이 좋겠다. 바깥 소음이나 냄새 때문에 수면에 방해를 받는 경우가 있기 때문이다. 잠자리에 들기 전에 일단 침실을 충분히 환기한 다음 창문을 닫고 자라. 그러면 15제곱미터의 공간에서 두 사람이 자기에 충분한 공기 질이 확보될 것이다.

꽃가루 알레르기가 있는 사람이라면 더더욱 창문을 닫고 있다가 꽃가루 농도가 가장 낮은 시간에 환기를 해주는 편이 좋다. 시골에서는 저녁 무렵이 농도가 낮고 도시에서는 이른 아침이 농도가 낮다. 방진망을 설치하면 꽃가루 차단에 더욱 도움이 될 것이다.

4 전자제품을 침실에 두지 말라

우리의 신경계는 텔레비전, 노트북, 태블릿PC, 스마트폰에서 나오는 파란색 파장에 특히나 민감하다. 그러므로 이런 전자기기는 침실에 들이지 않는 것이 좋다. 이로써 여러 이점을 한 번에 얻을 수 있다. 첫째, 신체에 지금이 낮임을 신호하는 광원이 없다. 둘째, 뇌가 더 편히 쉴 수 있는 환경이 조성된다. 이런 환경에서 뇌는 신경을 아예 꺼버릴 수 있다. 셋째, 와이파이·이동전화 네트워크·전자파 등 전자기기에서 나오는 지속적인 복사를 피할 수 있다.

전자파에 대한 민감성은 개인에 따라 다르다. 어떤 사람은 각종 전자파에 굉장히 민감하고 어떤 사람들은 별다른 증상을 느끼지 못한다. 그러나 여러 연구에서는 개인적인 민감성을 초월하여, 잠잘 때 바로 근처에 핸드폰을 두고 자면 수면 문제가 명백히 증가할 수 있음을 지적한다. 이것은 놀랄 일이 아니며, 솔직히 말해 증상을 느끼든 못 느끼든, 숙면을 위해 이 정도의 신경을 써주는 것은 어려운 일이 아니라고 하겠다.

5 침실은 가급적 조용하게

졸려서 눈이 감길 즈음이면 우리의 감각기관은 차례로 대기 모드 상태로 진입한다. 처리해야 할 외부 자극이 적을수록 훨씬 개운한 잠을 잘 수 있다. 그러므로 잠자는 공간은 가급적 조용해야 한다. 겉으로 듣지 않는 듯해도, 우리의 감각이 소리를 지각하기 때문이다. 뇌가 자면서 소리까지 처리해야 한다면 에너지가 분산되어 수면 중 재충전에 쓸 에너지가 부족해진다.

6 침실을 가급적 어둡게 하라

잠에 들었다 다시 깨는 데는 수면 호르몬이라 불리는 멜라토닌 같은 호르몬들이 관여한다. 멜라토닌은 빛의 상태를 기준으로 신체 리듬을 조절하는데, 밤이 깜깜할수록 멜라토닌이 더 많이 분비된다. 아침이 밝아오면 멜라토닌의 분비가 다시 줄어든다.

하지만 현대의 도시들은 밤에도 완전히 어둡지가 않다. 가로등, 신호등, 광고판, 자동차 진조등 같은 인공조명들이 밤하늘을 밝히기 때문이다. 커튼이나 블라인드 같은 것을 활용해 이런 '빛 공해'로부터 벗어나 침실을 진짜 밤으로 만들면 숙면에 더 도움이 될 것이다.

7 수면을 개인적인 필요에 맞추라

당신은 최소 아홉 시간을 자야 직성이 풀리는가? 총 일곱 시간을 자는데 밤잠은 짧게 자고 낮잠을 길게 자야 몸이 개운한 타입인가? 어떤 수면 행동이 자신의 컨디션에 맞는지 적극적으로 시험해 보라.

자신의 수면 욕구와 일상의 리듬이 배치된다면, 최대한 둘을 조화시킬 수 있는 방법을 모색해 보라. 자유롭게 수면을 취할 수 있는 휴가 기간을 이용해, 이상 수면 모델이 자신에게 더 잘 맞는지, 일상 수면 모델이 더 잘 맞는지 점검해 보고, 자신에게 맞는 모델을 일상에서 적용할 수 있게끔 지혜를 짜내어 보라. 이런 부분에 신경을 써주는 것은 장기적으로 커다란 유익이 될 것이다.

8 가능한 낮잠 혹은 파워내핑의 '사치'를 누리라

일상에서 이상 수면까지 취할 형편이 되지 않는 사람들, 즉 우리 대부분은 잠시라도 파워내핑을 취하는 게 좋다. 파워내핑을 훈련하면 20분만 눈을 붙여도 훨씬 생기 있게 오후 일과에 임할 수 있다.

밤잠이 약간 모자란 사람들에겐 파워내핑이 특히 도움이 된다. 파워내핑을 통해 낮에 재충전의 기회를 부여하는 사람들은 밤에 조금 잠을 덜 자도 컨디션이 좋을 것이다. 잠시 '낮잠 충전'을 하고 나면 훨씬 능률이 올라 그것에 들인 시간을 금세 만회하고도 남는다.

9 준비된 숙면을 취하라

체내의 많은 과정에서도 그렇듯, 수면에서도 반드시 염두에 두어야 하는 것이 바로 '루틴'이다. 규칙적으로 늘 같은 시간에 잠자리에 드는 습관을 가지라. 그러면 신체는 언제 휴식이 시작되는지 알고 그것에 대비할 것이다.

수면 리추얼은 우리 몸이 휴식에 들어가도록 도움을 준다. 동네를 잠시 한 바퀴 돌고 와도 좋고, 창문을 열고 신체 이완을 돕는 요가를 해도 좋고, 읽고 싶은 책을 몇 페이지 읽어도 좋다. 어떤 리추얼을 실행할지는 각자의 선호에 따라서 하면 된다. 무엇을 하든 신체가 이를 일과를 시작하는 신호가 아니라, 일과를 멈추고 잠자리로 들어가는 신호로 여기게끔 하면 된다. 잠들기 전에 텔레비전을 본다거나, 노트북 앞에서 일한다거나, 스마트폰을 붙잡고 노는 것은 '비추'다. 빛 자극이 뇌를 각성시켜 잠드는 것을 힘들게 하기 때문이다.

잠들기 전에 무거운 식사를 한다든지, 카페인이나 니코틴을 섭취한다든지, 신체적으로 힘쓰는 일을 한다든지 하는 것 역시 숙면을 저해하므로 삼가야 한다. 건강하고 동물성 지방이 적은 식사, 충분한 운동, 규칙적이고 의식적인 휴식이 잠드는 데 도움이 될 뿐 아니라, 수면의 질도 뚜렷이 높여준다.

6

(다섯 번째 공식 : 호흡)

호흡은
젊음의 샘이다

공기에
생명이 있다

호흡은 생명에 필수적인 과정이다. 살아가면서 일시적으로 포기해도 되는 것들이 많지만, 잠시라도 절대 없어서는 안 되는 것이 바로 공기다.

사람은 하루에 2만 번 이상의 호흡을 하여 몸에 산소를 공급하고 이산화탄소를 배출한다. 하지만 이런 과정은 우리가 의식하지 못할 정도로 자동적으로 일어난다. 심장박동, 소화, 신진대사와 더불어 호흡 역시 우리가 신경 쓰지 않아도 시종일관 알아서 진행되는 생명 기능이다. 이런 과정은 우리 의지와 무관하게 작동하는 자율신경계에 의해 조절된다.

그래도 어느 정도는 호흡에 영향을 미칠 수 있다. 체세포에서 지속적으로 이루어지는 가스 교환에는 영향을 미칠 수 없지만, 들숨과 날숨은 조절할 수 있기 때문이다. 프리다이빙 혹은 무호흡 잠수에서 볼 수 있는 것처럼, 연습을 하면 자연적인 한계를 훨씬 초월해서 숨을 참을 수도 있다.

호흡은 정신적 균형에도 아주 중요하다. 감정은 호흡에 반영된다. 그리하여 공포를 느끼면 호흡이 빠르고 얕아지고, 긴장을 하면 숨이 가빠지며, 긴장이 풀리면 안도의 한숨이 푹 나온다. 여러 가지 명상에서 의식적인 호흡 연습과 호흡 기술이 기본 레퍼토리를 차지하는 것도 공연한 일이 아니다.

자세히 살펴보면 호흡조절이 얼마나 유용한지를 알 수 있다. 호흡법을 잘 활용하면 컨디션과 건강을 챙길 수 있기 때문이다. 분당 호흡 횟수는 유아의 경우 35~40회, 성인의 경우는 12~18회 정도다. 운동을 많이 하거나 요가 수련을 하면 호흡 횟수가 더 줄어든다. 계속해서 호흡이 가쁜 것은 질병의 지표일 수 있다.

우리가 숨을 쉴 때 일어나는 일

성인 한 사람이 하루에 흡입하는 공기가 약 1만 리터라는 것이 놀랍지 않은가? 스스로 계산해 볼 수 있다. 이미 말했듯이 우리는 1분에 12~18회를 호흡하며, 한 번에 약 0.5리터의 공기를 들이마신다. 그러면 폐에서 소위 '가스 교환'이 이루어진다. 폐포(허파꽈리)들이 호흡한 공기로부터 산소를 받아들이고 동시에 이산화탄소를 내준다. 그러면 이산화탄소는 날숨을 통해 신체 밖으로 배출된다.

우리 몸이 에너지를 얻으려면 산소를 공급받아야 한다. 산소 공급원은 말할 것도 없이 우리 주변에 언제나 있는 공기이다. 공기 중 약 20퍼센트가 산소다. 나머지는 거의 질소이며, 그 외 미량의 천연가스와 이산화탄소가 공기 중에 존재한다. 외부로부터 산소 공급이 이루어지지 않으면 우리 체세포 중 어느 하나도 제대로 기능할 수 없다. 담당하는 생화학적 과정은 세포 유형마다 다르지만, 모든 체세포가 기능하기 위해 산소를 필요로 하고, 신진대사 노폐물 중 하나로 이산화탄소를 만들어낸다. 그래서 아주 짧은 시간이라도 산소 공급이 부족하면 신체에 엄청난 후유증을 유발할 수 있다. 몇 분만 산소 공급이 되지 않아도 뇌는 회복 불가능하게 손상되며, 10분만 산소 공급이 안 되어도 뇌사에 이른다.

따라서 뇌가 계속해서 산소 공급 상황을 점검하는 것도 당연한 일이다. 뇌 속의 호흡중추는 혈액 속에 산소 함량이 너무 낮아지고, 이산화탄소 함량이 너무 높아지면 이를 즉각 감지하고 곧장 반작용을 실행한다. 가쁜 호흡으로 산소를 더 많이 흡입할 뿐 아니라, 남아도는 이산화탄소를 배출하는 것이다. 버스 시간에 늦어 정류장에 막 달려갈 때, 힘들게 욕조를 문질러 닦을 때, 마트에서 장 본 것을 들고 계단을 올라갈 때 등 신체가 힘을 쓸 때면 늘 이런 일이 일어나, 신체에 추가적으로 산소를 공급하기 위해 호흡 횟수가 증가한다. 그런 다음 버스에 올라타 좌석에 털썩 앉거나, 욕조에 눕거나, 집에 들어가 장 본 것을 정리하노라면, 몸은 서서히 안정 상태에 들어가 '보통의' 산소량으로도 무리가 없어진다. 그리하여 호흡이 저절로 느려진다.

꼭 신체 활동이 증가할 때만 가쁜 호흡을 하게 되는 건 아니다. 계속해서 과중한, 풀리지 않는 과제에 대한 부담을 안고 살아간다면, 점점 시간적으로 압박에 시달리게 되고 심신이 분주해진다. 그러다 보면 어느 순간 허덕인다는 느낌을 받게 되고, 최악의 경우 숨이 턱턱 막히는 듯한 상태가 된다.

이미 이야기했듯이, 정신적 압박이 계속되면 신체는 신경계를 스트레스 모드로 전환한다. 그러면 체내에서는 위험이 닥쳐서 몸속의 에너지를 모두 동원해야 하는 경우처럼 비상사태가 선포되고, 이런 비상사태가 오래 지속되면 심신이 소진되기 시작한다. 이런 상태는 호흡에서도 관찰할 수 있다.

물론 다른 신체 반응만큼 그렇게 극명하게 나타나지는 않지만, 호흡에도 스트레스가 반영되는데, 그중 하나는 바로 호흡이 정상보다 가빠지고 얕아진다는 것이다. 이것은 문제가 될 수 있다. 이런 호흡으로 말미암아 산소 공급이 원활히 이루어지지 않고 이산화탄소도 완전히 배출되지 않기 때문이다. 심호흡을 하면, 피부, 요로, 장과 같은 해독 기관의 부담이 줄어든다.

신진대사 노폐물이 완전히 배출되지 않으면 몸에 좋을 리 없다는 것은 두말하면 잔소리다. 체내의 이산화탄소 농도가 지속적으로 높은 것과 고혈압, 심혈관 질환, 요통, 집중력 장애, 불면증, 공황장애, 우울증 등의 질환 간에 상관관계가 있음을 지적하는 연구들이 많다.

폐와 기도,
산소 공급의 처음과 끝

우리는 신체에 산소를 공급하고 이산화탄소를 배출하기 위해 호흡을 한다. 호흡에 관여하는 기관은 우선 공기가 폐로 들어가는 길인 기도, 그리고 가스 교환이 일어나는 폐다.

우리가 들이마신 공기는 폐로 가는 길에 여러 기관을 거친다. 코와 입을 통해 흡입된 공기는 목과 후두를 거쳐 기관에 이른다. 폐가 두 개의 폐엽으로 되어 있기에, 기관은 두 개의 주기관지가 갈라져 양쪽 폐로 이어지며, 오른쪽 주기관지와 왼쪽 주기관지는 계속해서 나뭇가지처럼 여러 개의 가지로 갈라져 맨 마지막에는 지름이 0.5밀리미터 정도에 불과한 '세기관지'가 되고, 폐포라 불리는 수많은 작은 공기주머니로 연결된다. 이 폐포에서 가스 교환이 일어난다.

우리의 모든 기관은 세월이 흐르면서 변한다. 폐도 예외는 아니다. 자연적인 노화 과정 외에도 흡연이나 공기 오염 등 외적인 영향으로 말미암아 폐 기능이 차츰 약화된다. 전반적으로 나이가 들어갈수록 호흡에 관여하는 근육이 약화되어 더 이상 젊을 때처럼 심호흡을 하지 못하고, 가스 교환도 원활히 이루어지지 않는 것을 관찰할 수 있다.

폐 기능은 겉으로 확 느껴지지 않게 점차 떨어지므로 기능이 많이 저하되고 나서야 비로소 실감하는 경우가 많다. 주로 몸을 쓰는 일과 땀이 나는 운동을 하는 것이 점점 힘들어지는 것으로 나타난다. 게다가 나이가 들면 심혈관 질환이 동반되는 경우가 많고, 종종 심혈관 질환과 폐 기능 저하가 서로 상승작용을 일으켜 증상을 악화시킨다. 이미 흡연으로 폐가 상해 있을 때는 특히 그러하다.

나이가 들면서 면역력이 약해지면 기도와 폐도 감염에 취약해지므로 자칫 건강상 심각한 위험 상태로 치달을 수 있으니 폐 기능이 약한 사람은 미리미리 폐렴 예방 주사를 맞는 것이 좋을 것이다.

어떻게 하면 호흡을 더 잘할 수 있을까?

들이쉬고 내쉬고, 다시 들이쉬고 내쉬고. 늘 하는 호흡을 어떻게 하면 적절하게 혹은 더 잘할 수 있을까? 지금까지는 의식하지 못했을 수도 있지만, 호흡 방식은 심신에 꽤 영향을 미친다. 그러므로 올바른 호흡법을 알고, 약간의 연습으로 호흡을 조절하면 유익을 얻을 수 있을 것이다.

호흡에는 흉식호흡과 복식호흡이 있고, 보통 우리는 이 두 가지 호흡이 결합된 형태로 호흡한다. 이 두 호흡은 겉에서 뚜렷이 분간할 수 있는데, 흉식호흡을 할 때는 흉곽이 오르락내리락하는 것을 볼 수 있고, 복식호흡은 배가 오르락내리락하는 것을 볼 수 있다. 두 경우 모두 호흡근이 폐가 공기를 받아들일 수 있게끔 해준다. 폐는 근육이 아니어서 스스로 움직일 수 없기 때문이다.

공기를 들이마실 때마다 가슴근육이 수축하여 갈비뼈가 들리고 흉강이 넓어진다. 그러면 흉강 내 압력이 낮아지고 폐의 기압도 낮아져 공기가 폐로 유입된다. 횡격막도 이런 효과를 돕는다. 횡격막 역시 수축해 복강에 압력을 가하면서 흉강에서 폐 부피가 증가할 수 있는 자리를 마련해 주는 것이다. 날숨에서는 근육의 긴장이 다시 풀려 폐 부피가 다시 감소하면서 폐에 있던 공기가 밖으로 배출된다.

일차적으로 공기를 들이마실 때 근육의 움직임을 통해 복강에 움직임이 전달된다. 특히 복식호흡에서 횡격막이 수축하면 복강의 내장을 부드럽게 마사지해 주는 효과가 나는데, 그러면 혈압도 낮아지고, 소화도 촉진된다.

호흡으로
감정 조절하기

호흡과 감정이 서로 얼마나 긴밀하게 연결되어 있는지를 주제로 많은 연구가 이루어졌다. 무엇보다 심리학자 피에르 필리포Pierre Philippot를 위시한 벨기에-캐나다 연구팀은 자원한 참가자를 대상으로 두 실험을 실시해 호흡과 감정이 정확히 어떤 상호작용을 하는지를 연구했다.

첫 번째 실험에서 연구자들은 참가자들에게 우선 기쁨, 분노, 공포, 슬픔의 감정을 불러일으키면서 그동안에 어떻게 호흡을 했는지를 적어보라고 요청했다. 얼마나 깊게, 얼마나 빠르게, 어떤 리듬으로 호흡을 했는지 말이다. 그러자 호흡 방식과 감정이 확실히 상관 관계가 있는 것으로 나타났다. 참가자들이 감정에 따라 특유의 방식으로 호흡을 했던 것이다.

두 번째 실험에서 연구자들은 호흡이 심장박동과 신체 상태에 미치는 영향을 분석하겠다는 명목하에, 참가자들로 하여금 특정 호흡법을 연습해서 그렇게 호흡해 보라고 했다. 사실 연구자들의 목적은 특정 호흡 방식이 기존의 감정 상태와 상관없이, 각 사람의 감정에 영향을 미칠 수 있는지를 분석하는 것이었다. 호흡법의 효과는 정말로 입증되었다. 특정 호흡법을 실시하자 그 호흡과 연결된 감정 쪽으로 각 사람의 감정 상태가 변화된 것으로 나타난 것이다.

따라서 여러 문화권에서 전통적으로 올바른 호흡을 치료 수단이자 힘의 원천으로 높이 평가해 왔던 것도 놀랄 일이 아니다. 무엇보다 아시아 문화권에서는 이런 시각이 종교, 철학, 의학, 영성의 이론과 실제에 깊이 심겨 있었다. 그리하여 힌두교와 불교에서는 심신을 수련하는 데 호흡법을 활용하고, 요가에서도 호흡 수련을 중요하게 생각한다. 중국의 전통 의학 역시, 수련의 일환으로 호흡 훈련을 했던 소림사 승려들과 마찬가지로 호흡을 중요시한다.

자연과학에 기초한 서구 의학은 호흡의 잠재력에 이제야 겨우 관심을 가지기 시작했으며, 많은 것이 아직 불확실하게 남아 있다. 호흡의 과정이나 상호작용이 구체적이고 정확한 값으로 측정할 수 있는 것이 아니기 때문이다. 몸과 머리를 이분하는 사고가 깊이 심겨 있기 때문에 호흡의 작용 방식을 상상하는 것은 쉽지 않다. 하지만 최신 데이터를 기반으로 한 연구들을 통해 동양 전통 의학에서 사용한 기법들이 과학적으로 입증되는 일이 점점 늘어나면서, 현대 의학도 호흡법에 관심을 가지는 추세다.

그리하여 동양에서 실행되어 온 호흡법의 요소들이 서구 의학에도 접목되고 있는데, 그중 가장 유명한 것이 존 카밧진Jon Kabat-Zinn이 1970년대에 개발한 MBSRMindfulness-Based Stress Reduction(마음챙김 기반 스트레스 감소 프로그램)이다. 존 카밧진은 불교, 힌두교, 요가 수련의 기본 요소에 현대 자연과학 인식을 결합하여, 스트레스 해소에 도움이 되는 명상법을 만들었다. 이 명상법의 주된 목표는 바로 호흡을 이용해 '지금 여기'의 삶에 집중하는 것이다. 현재에 포커스를 두고, 과거와 미래를 맴도는 생각의 회전목마를 멈추게 하거나 회전목마에서 내려버리는 것이다.

그러는 동안 MBSR 및 MBCTMindfulness-based cognitive therapy(마음챙김 기반 인지 치료)가 꽤 대중화되었다. 독일에서도 여러 단체와 연합에서 이를 활용하고 있고, MBSR에 MBCT가 스트레스, 통증, 우울증, 공포심 치료의 일부로 인정받아 프로그램을 이수할 때 건강보험 적용도 되고 있다. 이를 가르쳐주는 강좌도 많으니 배워서 집에서 실행해 보면 좋을 것이다. 마음챙김 명상뿐 아니라 요가, 자율훈련법, 점진적 근육 이완법Progressive Muscle Relaxation도 마찬가지다.

특별한 호흡 명상, 호흡 기법을 적절히 실행하면 삶의 의욕을 불러일으키고, 능률을 극대화할 수 있다. 물론 우리 같은 보통 사람들이 스스로를 극대화한다거나, 대단한 사람들을 따라 할 필요는 없다. 빔 호프처럼 특별한 호흡법을 통해 건강상의 부작용 없이 얼음물 속에서 두 시간을 견뎌 신기록을 수립하는 것이 이론상으로 가능할지라도, 그런 기록을 낼 수 있는 사람은 손에 꼽을 정도일 테고, 굳이 그런 일을 할 필요도 없다. 일상에서 할 수 있는 간단한 호흡 연습을 통해 신체에 산소를 넉넉하게 공급하고, 이산화탄소를 원활히 배출하며, 복강 내 내장 기관을 부드럽게 마사지해 주어 긴장을 풀어주는 것으로 충분하다. 그렇게 하여 더 편안해지고, 건강해지며, 나아가 장수할 수 있다면, 그것만으로 좋은 일 아니겠는가?

의식적 호흡으로
균형 되찾기

의식적으로 호흡하면 자연스럽게 내면에 집중할 수 있게 된다. 이것이 바로 마음챙김 명상에서 하는 호흡법이다. 그렇게 호흡에 집중하다 보면, 신체와 정신의 협연이 더 뚜렷이 지각될 뿐만 아니라 평온함과 내적 균형을 되찾게 된다. 그러면 이것은 신체에도 긍정적인 영향을 미쳐서 신체와 정신의 유기적 연결이 이루어진다. 한마디로 말해, 우리의 호흡법이 컨디션과 건강에 미치는 영향이 큰 것이다.

올바른 호흡은 우리를 이중으로 이롭게 한다. 즉 질병을 예방해 주고, 건강상의 문제를 호전시켜 준다. 감정과 호흡이 서로 연결되어 있음이 입증된 이래, 병원에서도 호흡 연습을 치료로서 사용하는 경우가 늘어나고 있다. 무엇보다 우울증이나 공포 장애와 같은 특정 심리 질환에 보조 요법으로 사용되어 효과를 거두고 있다. 물론 호흡만으로 질병을 뿌리 뽑을 수는 없겠지만 말이다. 호흡 연습을 하는 본질적 이유는 체세포에 산소 공급을 더 원활하게 해준다는 면 외에도, 건강하든 건강하지 못하든 일상의 속도를 잠시 늦추며 스스로를 돌아보게 만드는 점일 것이다.

건강한 호흡을 위해 놓치지 말아야 할 것들

1 복식호흡에 익숙해지라

신생아는 숨을 쉴 때마다 자연스럽게 깊은 복식호흡을 한다. 잠든 신생아를 볼 기회가 있으면 한번 확인해 보라. 하지만 대부분 성장하면서 복식호흡에서 흉식호흡으로 바꾼다. 스트레스, 나쁜 신체 자세, 꽉 끼는 옷, 무의식적으로 작용하는 미의 이상 때문만은 아니겠지만, 그런 요소들이 적잖은 영향을 미친다고 볼 수 있다. 그러므로 형편상 앉아서 보내는 시간이 많은 사람은 되도록 상체를 곧추세워 공기가 들어갈 수 있는 충분한 자리를 마련하는 것이 좋다. 평평한 배가 매력적으로 여겨질지 모르겠지만, 복식호흡을 할 때 배가 부풀어 올랐다 가라앉았다 한들 무엇이 나쁘겠는가.

2 심호흡을 하라

호흡이라고 하면 우리는 우선적으로 공기를 들이마시는 것만 생각한다. 하지만 호흡은 순환이라 공기를 들이마시는 것뿐 아니라 내쉬는 것도 중요하다. 숨을 내쉬는 가운데 신진대사 노폐물이 배출된다는 것을 의식하도록 하라. 심호흡을 하면 노폐물을 배출하는 신체의 해독 작업을 도울 수 있다. 호흡을 통해 배출할 수 있을 만큼 배출하면, 피부·요로·장의 부담을 그만큼 줄여주는 셈이 된다.

되도록 자주 바깥에 나가 신선한 공기를 마셔줌으로써 폐에서 일어나는 가스 교환에 도움을 주라. 약간 걸음을 빨리해서 산책을 하거나, 몇 바퀴 조깅을 하거나, 30분 정도 수영을 하면 폐 건강에 도움이 된다. 심폐지구력 운동은 모두 체내의 산소 공급이 원활하게 이루어지도록 해주고, 지방도 연소시켜 준다.

3 호흡기 건강을 도모하라

신체의 다른 기관들과 마찬가지로 기도와 폐 역시 훈련시키면 더 건강해진다. 심폐지구력 운동 외에 호흡근을 강화하고 스트레칭을 하는 특별한 호흡 체조 연습도 호흡계 건강에 도움이 된다.

별로 힘들이지 않고 호흡에 도움을 줄 수 있는 것은 몸을 펴주는 자세다. 그래야 흉강이 넓어져 폐와 횡격막이 충분한 자리를 확보할 수 있다. 상체를 똑바로 펴고 있는지 늘 점검해 주면 지지 조직뿐 아니라 호흡에도 도움을 줄 수 있다.

또한 유해 물질 부담을 가능하면 최소화하라. 미세먼지, 매연, 자동차 배기가스, 음식 냄새 등 공기 오염은 쉽게 피할 수가 없다. 그러므로 생활에서 어쩔 수 없이 마시게 되는 오염된 공기를 상쇄하기 위해 되도록 자주 자연 속으로 나가 신선한 공기를 마시라. 그리고 자명한 이야기지만, 금연하라! 담배의 독성 물질이 기도와 폐는 물론 심장, 간, 신장, 신경, 피부 등에 치명적인 영향을 행사할 뿐 아니라, 자연적으로 생겨나는 신진대사 최종산물 외에 흡연으로 인한 노폐물까지 처리해야 하므로 신체에 스트레스가 가중된다.

4 호흡을 마음챙김 연습으로 보라

호흡은 기분에 영향을 미친다. 그러므로 스트레스를 받거나 공포를 느껴서 빠르고 얕은 호흡을 하고 있음을 느낀다면, 의식적으로 심호흡을 해주면서 마음을 안정시키면 좋을 것이다.

아침에 기상한 뒤, 혹은 밤에 잠자리에 들기 전에 1분 정도 열린 창 앞에 서서 심호흡을 해주는 등 호흡 연습 시간을 일과에 고정적으로 넣어두라. 이런 호흡 연습을 통해 다시금 복식호흡에 익숙해지도록 하고, 호흡 리추얼을 분주한 일상에서 잠시 정신적으로 쉬어주면서 힘을 충전하는 시간으로 만들라.

3분 정도의 짬을 내면 할 수 있는, 존 카밧진의 MBSR에 토대한 연습을 하나 소개한다. 호흡 연습을 하기 위해 별도의 장소나 수단

같은 것은 필요 없다. 어디든 잠시 방해받지 않을 수 있는 곳이면 된다. 그런 다음 편안하게 자리를 잡고 눈을 감고 연습을 시작해 보라.

처음 1분간은 내면으로 주의를 향하게 한다. 생각, 감정, 느낌을 의식적으로 지각하라. 그다음 1분은 호흡에 집중한다. 호흡을 하면서 아무것도 의식하지 말고 흉강이 넓어지고 오르락내리락하는 것을 관찰하라. 마지막 1분에 들어서는 지각을 전신으로 확대하라. 호흡이 머리로부터 발까지 확산되는 것을 느껴보라. 그리고 연습을 마칠 때가 되면 서서히 다시금 주변을 지각하고, 향상된 주의력으로 새롭게 일상에 임하라.

몇 번 하다 보면 전혀 어렵지 않게 호흡 연습을 습관화할 수 있을 것이다. 호흡 리추얼을 통해 일상의 속도를 한 템포 늦추면 호흡이 안정될 뿐 아니라, 장기적으로 자신의 습관을 점검하고, 나쁜 습관에서 벗어날 수 있을 것이다. 3분 호흡 훈련을 실천하면서 1분마다 단계를 바꾸기 위해 굳이 스톱워치를 활용할 필요까지는 없다. 호흡 리추얼을 완벽하게 짜놓은 대로 실시해야 하는 이완 훈련처럼 생각하지 말고, 더 의식적인 호흡을 위한 휴식 시간 정도로 생각하라. 연습을 하다 보면 차츰 시간 감각이 생겨서, 내면의 스톱워치가 작동하게 될 것이다.

두 마리의 토끼를 한꺼번에 잡고 싶은 사람들을 위해 또 한 가지

작은 호흡 연습을 소개하고 싶다. 일명 '4711법'이다. 자 이렇게 하면 된다. 4초간 숨을 들이마시고 7초에 걸쳐 내쉬라. 이것을 11분 동안 하면 된다. 이 연습을 하면 훨씬 마음이 차분해질 것이며 밤에 잠도 솔솔 올 것이다.

7

(여섯 번째 공식 : 이완과 휴식)

힘은 쉼에서 나온다

번아웃에서
워라밸로 가는 길

이완과 휴식이라는 말을 들으면 가장 먼저 무엇이 떠오르는가? 이 질문에 '스트레스'라고 대답하는 사람이 적지 않을 것이다. 우리는 쉬지 못하고 바쁜 것을 직업적 성공이나 사회적 영향력과 동일시하는 사회에 살고 있다. 스트레스라는 말을 표창장처럼 달고 다니는 사이에 스트레스가 도를 넘어 탈진 상태에 이르는 경우도 잦아지고 있다. 소위 '번아웃'에 시달리는 사람들이 증가하고 있는데, 황당한 것은 번아웃이라는 말이 지니는 이미지가 나쁘지 않다는 것이다. 일각에서는 이런 질병을 무슨 상이라도 받은 것처럼 여긴다. 계속해서 스트레스를 받고 과부하에 시달리는 것이 신분의 상징처럼 되어버렸다.

반면 이런 생각에 문제가 있다는 깨달음도 차츰 커지고 있다. 그 누구도 과도한 부담을 오래 감당할 수는 없는 법이다. 문제를 계속 그렇게 방치하면 언젠가는 탈이 나게 되어 있다. 이런 현상에 대응하여 '워라밸Work-Life Balance'이라는 개념이 널리 알려지기 시작한 것이 벌써 오래전 일이다. 워라밸은 일과 사생활 간 건강한 균형을 의미하는 말이다. 그런데 이 개념은 약간 미묘한 구석이 있다. 'Work'는 'Life'가 아니라는 것을 암시하고 있기 때문이다. 예방의학은 삶의 모든 공간에서 직접적으로 건강을 찾을 수 있어야 한다고 말한다. 그런데 우리는 대부분의 시간을 어디서 보내는가? 바로 일터가 아닌가. 그러므로 기왕이면 직장에서도 즐겁고 건강하게 보내야 하지 않겠는가.

여전히 대세인, 그러나 약간 문제가 있는 워라밸을 확장한 개념이 바로 '라이프 도메인 밸런스Life-Domain Balance'다. 라이프 도메인 밸런스는 삶의 전 도메인, 즉 삶의 모든 영역이 조화를 이뤄야 함을 이야기한다. 개개인의 정신위생과 질병 예방을 우선적으로 챙기자고 강조하는 개념으로, 특히나—우리 대부분이 그러한 것처럼—일인 다역으로 녹록지 않은 일상을 살아가는 사람들을 겨냥한 것이다. 직장인으로서, 사업가로서, 교사로서 바쁜 일상을 감당하는 동시에 부모로서 아이들을 양육하거나 병을 앓는 가족을 돌보느라 이중·삼중고를 겪는 가운데, 자신의 몸까지 나빠지는 경우가 적지 않기 때문이다.

학술 연구는 물론 내 주변 사람들의 경험을 토대로, 나는 독자들이 7가지 늙지 않는 공식을 적절히 활용함으로써 지금까지 알지 못했던 힘을 동원하여 여러 과제를 너끈히 감당할 수 있을 거라고 확신한다. 특히나 자신이 이중·삼중고를 겪고 있다면, 휴식에 가장 집중해야 할 것이다. 내 친구이자 자기계발 코치로 활동하는 크리시나 비샤나단Krishina Viswanathan은 다음 이야기를 통해 자신이 하는 일을 성찰하는 것이 얼마나 중요한지를 말해주었다.

어느 현자가 숲에서 나무를 베고 있는 한 남자를 보았다. 그런데 보아하니 이 남자는 너무 오래 쓰기만 하고 벼리지 않아 날이 뭉툭해진 톱을 가지고 나무를 베느라 애를 쓰고 있는 게 아닌가. 그래서 현자가 물었다. “아니, 날을 벼린 다음에 일을 하면 더 빠르고 쉽게 할 수 있을 텐데 왜 그러지 않지요?” 하지만 남자는 고개조차 들지 않은 채 대꾸했다. “그럴 시간이 없어요.” 자, 여러분에게 묻겠다. 여러분은 왜 날을 벼리지 않는가? 왜 연장을 손보지 않는가? 이야기는 아직 끝나지 않았다. 현자는 계속 가다가 또 다른 남자를 만났다. 이번에 만난 남자는 땀을 흘려가며 달랑 삽 하나만 들고서 거대한 구덩이를 파고 있었다. 현자가 물었다. “흠, 그 일을 더 쉽게 할 수 있는 방법이 있을 텐데, 왜 그 생각을 하지 않는 거지요?” 하지만 이 남자 역시 무뚝뚝하게 한마디 내뱉을 뿐이었다. “시간이 없어요.” 굴삭기 같은 것을 동원하면 힘들이지 않고 구덩이를 팔 수 있을 텐데 이 남자는 왜 그런 생각을 하지 않는 것일까? 그런데 우리도 그럴 때가 있지 않은가? 우리는 얼마나 자주 이 두 남자처럼 살아가는가?

재충전은 선택이 아니라 필수

제프 베이조스, 워런 버핏, 빌 게이츠, 마크 저커버그 등 일의 종류와 상관없이 자신의 일에서 성공한 대부분의 사람들은 재충전, 성찰, 독서에 시간을 우선적으로 안배한다. 이런 생활 습관이 성공적인 인생을 살게 할 뿐 아니라, 예일 대학교 연구자들이 3600명의 참가자들을 대상으로 실행한 연구에 따르면 사망률도 낮추어 주는 것으로 나타났다. 주어진 시간을 영리하게 활용하는 건 우리 모두의 과제다. 세계적인 투자의 귀재 워런 버핏은 마이크로소프트 설립자인 빌 게이츠와의 인터뷰에서 자신은 일주일에 약속을 한두 개밖에 잡지 않는다고 말했다. 그 말을 들은 빌 게이츠가 성공하려면 그 정도로는 너무 부족하지 않으냐고 묻자 워런 버핏은 이렇게 대답했다. "미안해요, 빌. 나는 이 세상에서 가장 부유한 사람이랍니다."

펜싱선수 브리타 하이데만Britta Heidemann은 2007년에 상트페테르부르크에서 세계 챔피언이 되었고, 2008년에는 베이징 올림픽에서 금메달을 땄으며, 2009년에는 불가리아의 플로브디프에서 열린 시합에서 유럽 챔피언 자리에 올랐다. 그로써 그녀는 펜싱계 최초로 금메달 삼관왕에 올랐다. 어느 행사에 참석했다가 우연히 그녀에게 성공 비결을 물을 기회가 있었는데, 대답은 놀라웠다. 훈련을 더 많이 혹은 더 집중해서 하는 것이 비결이 아니고, 늘 재충전에 신경을 쓴다는 것이었다. 대부분의 사람들은 기록을 목표로 하는 운동선수들처럼 이를 악물고 힘들게 목표를 추구한다. 그런데 혹시 사이드 브레이크를 채워놓은 상태로 그렇게 하고 있지는 않은가? 쉬고, 회복하는 시간은 너무나 중요하다. 휴식을 취해야 다시금 힘을 내어 효율적으로 일에 임할 수 있다. 스트레칭이 되고 이완된 근육만이 자신의 힘을 펼칠 수 있다.

올림픽에서 메달을 자그마치 스물여덟 개나 땄고 그중 금메달만 스물세 개인 올림픽 사상 최다 금메달 보유자 수영 황제 마이클 펠프스가 수영 시합에 임하는 것을 보면, 물에 들어가기 전 늘 어깨 스트레칭을 해주는 모습을 볼 수 있었다. 이런 모습을 보면 사람들은 근육의 긴장을 풀어주는 거라고 생각하기 쉽다. 하지만 이런 이완 연습은 그보다는 필요할 때 근육이 잘 수축하여 능력을 잘 발휘할 수 있도록 해주는 것이다. 테니스 시합에서도 마찬가지다. 운동선수들은 시합 내내 100퍼센트 이상 집중력을 발휘해야 한다. 테니스 세계 랭킹 10위 안에 드는 선수들을 한번 주의 깊게 보라. 모두가 서브를 하기 전에 틈을 타서 한껏 이완해 주는 모습을 볼 수 있다. 그래야 최대의 집중력을 발휘해 서브를 넣을 수 있기 때문이다. 나는 이런 주제에 관심이 많아 이와 비슷한 예들을 더 많이 알고 있지만 이 정도에서 그치도록 하겠다. 독자들도 이를 명심하기 바란다.

시간이 나면?
시간을 내자!

이완을 도와주는 여러 기술과 방법이 점점 대중적인 인기를 얻고 있다. 이완이 왜 중요하고, 어떻게 하면 이완을 할 수 있는지를 다루는 책, 방송, 기사, 블로그 글이 많다. 종종 새로운 지식인 것처럼 포장해 놓지만, 알고 보면 옛날부터 해오던 바들을 새롭게 구성한 것이다. 모든 문화와 종교에서 이완과 휴식이 심신의 건강을 도모하는 필수 요소로서 예로부터 아주 중요한 역할을 해왔기 때문이다. 그런 방법을 짜임새 있게 구성해 놓은 것들이 요즘 이완 기술의 대세를 이룬다. 물론 옛날 방법을 필요에 따라 새롭게 구성해서 활용하는 것은 전혀 나쁜 일이 아니다.

이완 방법은 아주 다양하므로 자신에게 맞고, 무엇보다 끌리는 방법을 발견할 수 있을 것이다. 속으로 고개를 절레절레 저으면서 '내겐 그런 것들이 도무지 필요하지 않아'라고 생각한다면, 일단 한번 시험해 보길 권한다. 일상의 긴장과 분주함에 대해 의식적으로 이완과 휴식이라는 반대 극을 놓는 것이 얼마나 좋은지 피부로 느낄 수 있을 것이다. 그러면 곧장 심신이 안정 상태에 접어들 것이고, 효과를 느끼자마자 이완과 휴식에 더 많은 시간을 내려는 마음이 불끈불끈 솟을 것이다.

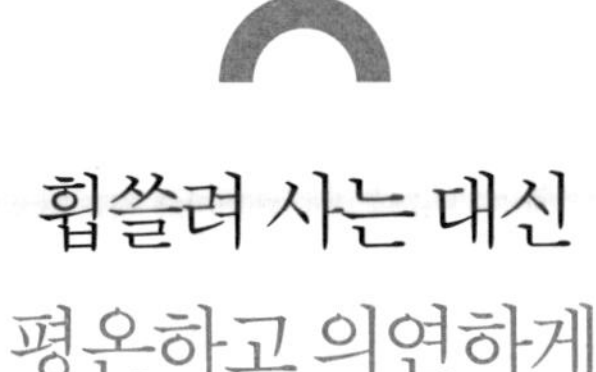

휩쓸려 사는 대신 평온하고 의연하게

불가피하게 계속 심신의 부담을 안고 산다 해도, 간간이 쉬어주면서 심신을 재충전하고 회복하는 한 전혀 문제가 되지 않는다. 가장 중요하고, 꼭 필요한 재충전 수단은 물론 규칙적이고 충분한 숙면이다. 하지만 잠은 회복, 균형, 행복의 샘을 이루는 여러 가지 구성 요소 중 하나일 따름이다.

친구, 지인, 가족 들을 한번 돌아보라. 살면서 스트레스를 받지 않고 사는 사람이 있는가? 직업적으로든 사적으로든 일상은 그리 녹록지 않다. 그런데 조용히 숨 돌리며 쉬는 시간을 충분히 갖지 못하는 사람들이 대부분이다.

커리어를 위해 자기 계발을 하는 것, 건강을 위해 운동을 하는 것, 일과 일상의 균형을 잡기 위해 취미 활동을 하는 것, 친구들이나 가족들과 여가 활동을 즐기는 것, 자신만의 시간을 갖는 것……. 어느 하나 빠뜨리지 않고 모든 것을 조화롭게 해야 하는 것처럼 느껴진다. 우리는 모두 유연하고 빠릿빠릿한 인간이 되기를 우리 사회로부터 요구받는다. 다른 사람들뿐 아니라, 바로 자기 스스로도 그것을 기대한다. 이것이 우리 자신과 건강에 어떤 의미인지 충분히 묻지 않은 채 말이다. 물론 다 좋다. 하지만 그것들 모두가 상당히 에너지를 잡아먹는다는 사실은 별로 언급되지 않는다.

스마트폰 같은 기기 덕분에 우리는 늘 연락 대기 상태로 살아간다. 나아가 끝없는 정보에 노출되어 도무지 빠져나오기가 쉽지 않다. 물론 유익하고 흥미로운 정보도 많다. 하지만 정보를 쫓는 일은 상당한 주의력과 시간을 요한다. 하루는 24시간밖에 안 되므로, 주의력과 시간 모두 매우 제한된 품목인데 말이다.

이렇다 보니 점점 더 많은 사람이 부담감과 스트레스를 얻고, 어느 순간 더 이상 견딜 수 없다고 느끼는 지점에 도달한다. 이것이 바로 번아웃 증후군이다. 정말로 탈진해 버린 듯한 증상을 경험하게 되는 것이다. 스트레스가 심하고 지치고 피로한 상태에서 다 타버리고 힘이 남지 않은 듯한 기분을 느끼게 되면, 당사자는 점차 냉소적인 태도로 사람들과 거리를 두기 시작한다. 나아가 일에 의욕을 상실하고, 예민해져서 쉽게 짜증을 내고, 과잉행동까지 보이게 된다. 번아웃은 심한 경우 중증 우울증으로 발전할 수도 있다. 번아웃에는 보통 신체 반응도 동반되는데, 처음에는 이런 증상이 정신적인 부담 때문이라는 걸 깨닫지 못할 때가 많다. 번아웃에 동반되는 신체 증상에는 요통, 편두통, 수면장애, 심혈관 질환, 속쓰림 등이 있으며, 과음이나 약물 남용으로 이어지기도 한다.

번아웃에 관한 통계는 보통 직장인을 대상으로 한 것이지만, 분명한 것은 번아웃은 비단 '관리자 병'이 아니라는 것이다. 고위직으로 스트레스를 받건, 힘든 노사관계 속에 있건, 집안일로 바쁘건 간에, 모든 연령대 모든 직업군에서 일상에 치이고 압박감을 느끼는 사람들이 점점 많아지고 있다. 청소년과 청년층에서도 과중한 학업 부담에 속수무책으로 무기력함을 호소하는 경우가 증가하고 있다.

번아웃에 이르는 이유는 개개인의 인성만큼이나 제각각이다. 스트레스와 성과 압박은 우리 사회 곳곳에 만연해 있지만, 이런 부담에 유독 취약한 사람들도 있다. 완벽주의 성향이 있는 사람은 같은 상황이라도 훨씬 압박감을 많이 느끼며 지속적인 긴장으로 말미암아 탈진에 이르기 쉽다.

우리 시대에는 특히 중년 여성들이 번아웃에 취약한 것으로 나타났다. 현대의 중년 여성들은 남성들과 거의 교육 수준이 동일하고 직업적 성공에 대한 욕구도 강하다. 그러나 동시에 직업과 병행하여 아이들을 낳아 잘 기르고, 엄마로서 가정도 잘 보살피고 가사까지 감당해야 한다는 사회적 이상이 이들을 짓누른다. 게다가 일상에서 늘 기분 좋고, 감정 조절도 잘해야 하며, 외모까지 잘 가꾸어야 한다. 이런 사회적 이상은 외부에서 주어질 뿐 아니라, 내부에서도 일어나 악의적인 힘을 펼친다. 겉으로는 이런 힘든 요구를 어찌어찌 잘 감당하는 것처럼 보이지만 속으로 높은 대가를 치르고 있는 경우도 있다. 집안일이나 집안 행사를 당연한 듯이 대부분 '엄마'가 책임지는 데서 비롯되는 여성의 부담을 일컫는 용어로 '멘탈로드Mental Load'라는 개념까지 탄생했다. 여기에 직업적 의무로 인한 부담까지 더해지면, 삶 자체가 만성 스트레스 상태로 변해버린다.

자신의 한계에 봉착하고 마는 사람이 많아지고 있는 이유는 통계만 가지고는 명백히 설명할 수 없다. 그러나 여기에 두 가지 면이 작용하는 듯하다. 첫째, 우리의 일상이 점점 복잡해지고 분주해져서 객관적으로 더 커다란 스트레스를 유발하여 감당할 수 없는 정도에 이를 수 있다는 것. 둘째, 우리 시대에 이르러 심리 질환에 대한 낙인이 많이 벗겨진 덕분에, 심리적으로 힘든 사람들이 의료적 도움을 요청하기가 더 수월해진 면이 있다는 것이다.

오늘날 다행히 과중한 스트레스가 미치는 부정적인 영향과 그것을 예방하는 방법이 많이 알려져 있다. 핵심은 바쁘고 분주할수록 충분한 휴식을 취하는 데에 더 신경을 써야 한다는 것이다. 심호흡을 하고 멍하니 정신을 쉬어주는 시간을 가져야 한다. 그렇지 않으면 늦든 빠르든 마른 나뭇가지처럼 힘이 소진된 상태에 이르게 된다. 한참 전부터 정신없는 삶을 거스르는 트렌드로 마음챙김, 느림, 미니멀리즘이 부각되고 있는 것도 공연한 일이 아니다. 실제로 외부에서 끊임없이 쏟아지는 자극을 줄이는 것은 심신 치료제처럼 작용한다는 걸 잊지 말라.

스트레스는 필요악이다

스트레스는 현대사회를 대변하는 핵심어다. 스트레스가 사회에서 비중 있는 인간의 증표처럼 되어버린 지도 오래다. 하루 일정이 빽빽하지 않다면 그 어찌 중요한 사람이라 할 수 있으랴. 약속이 넘치고, 친구·자녀·손주 들의 일로 바쁘지 않다면 그 어찌 인기 있는 사람이라 할 수 있으랴. 무슨 일을 하든 할 수 있는 한 최대치를 발휘하지 않는다면, 그 결과가 어찌 좋을 수 있으랴?

이런 식의 시간 압박, 성과 압박뿐 아니라, 추위, 더위, 소음, 냄새, 인파 같은 자극들도 스트레스로 다가온다. 어느 정도까지는 이런 자극들을 견딜 수 있지만, 약간 과해지면 그 자체로 스트레스가 되고, 나이가 들수록 이런 자극에 대해 더 예민해진다.

진화생물학적 관점에서 스트레스 반응은 상당히 중요하다. 이런 반응은 비상사태에 대처할 수 있도록 해주고, 필요할 때 스스로의 한계를 초월할 수 있도록 해준다. 그런데 비상사태에 우리로 하여금 소위 '순식간에 도망가거나 공격하거나 죽은 체하는' 능력을 발휘하게 하는 메커니즘은 무엇일까? 그것은 주의력이 상승하고, 감각이 예리해지고, 근섬유가 긴장을 하고, 호흡과 심장박동이 빨라지고, 혈압이 치솟고, 스트레스 호르몬이 분비되고, 비축된 에너지가 동원되기 때문이다. 읽기만 해도 이완 프로그램의 정확히 반대 쌍이라는 생각이 들 것이다. 그렇지 않은가? 바로 그러하다.

스트레스가 개별적인 도전 상황에 국한되는 한, 위에 기술한 반응들은 정상적인 범주다. 이것은 긍정적인, 건강한 스트레스로 자리매김한다. 하지만 스트레스를 받는 상황이 오랜 기간 지속되면 문제가 발생한다.

비상사태가 장기화되어 '일반적인' 상태가 되면 결코 좋지 않다. 자신이 할 수 있는 만큼을 '웃도는 삶'을 살다 보면 신체가 미처 재충전을 하지 못하고 전전긍긍하게 된다. 계속 '가속페달'을 밟으며 가다 보면, 그 페달은 나중에 오히려 '브레이크'가 되어버린다. 일례로 고혈압은 단기적으로는 산소 공급을 더 원활하게 해준다. 하지만 장기적으로는 고혈압으로 말미암아 심혈관 질환이 발생한다.

스트레스로 인한 장기적 후유증을 예방하기 위해, 두 가지 방편이 도움이 될 것이다. 첫째, 될 수 있는 대로 삶의 기어를 한 단계 낮추어 정상 가동을 하라. 둘째, 의식적으로 자주자주 이완해 주고 쉬어주라.

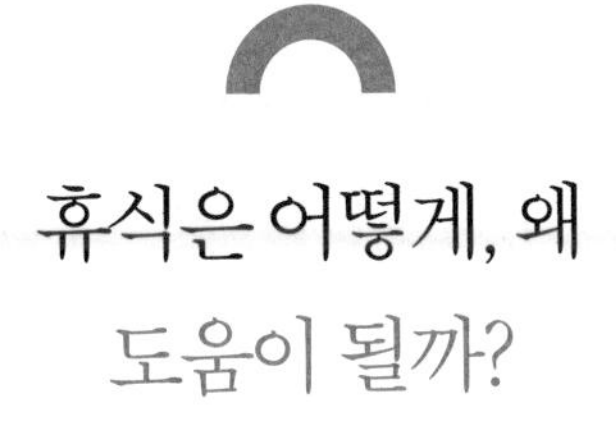

휴식은 어떻게, 왜 도움이 될까?

이완이라 하면 우리는 흔히 근육의 긴장이 풀어지는 것, 호흡 횟수가 줄어들고 천천히 규칙적으로 호흡하는 것, 심장박동이 안정되고 느려지는 것을 연상한다. 그러나 이에 그치지 않고 신체의 다른 기관들도 반응을 한다. 이완 연습은 과민성 위장염에도 도움이 된다. 과민성 위장염이 경련이나 설사, 구토 같은 불쾌한 증상을 유발하는 원인이 무엇인지 아직 확실히 밝혀지지는 않았지만 장신경계 ENS, enteric nervous system가 중요한 역할을 하는 것으로 보인다. 장신경계는 약 1억 개의 뉴런(신경세포)으로 이루어진 복잡한 신경 조직으로, 척수보다 뉴런이 더 많다. 장신경계는 식도에서 직장 끝까지 이어지는 위장관 벽에 존재하여 위장관의 활동을 지휘한다. 자율신경계의 일부로 자율적으로 작동하기에, 종종 배에 있는 뇌라하여 '복부 뇌abdominal brain'라는 이름으로 불리기도 한다.

이런 제2의 뇌인 장신경계와 진짜 뇌는 미주신경과 우리의 장내 미생물총의 세균에 의해 생성되는 전달물질을 통해 활발한 '무선통신'을 한다. 복부 뇌는 이런 연결을 통해 우리의 행동에 영향을 미치는 것으로 보인다. 식습관을 조절하는 장내 미생물도 있다. 간혹 감자칩이나 감자튀김 같은 기름진 것이 몹시 당긴다면 그것은 분명히 장에 사는 미생물의 작용일 것이다. 더 나아가 우리가 감정적인 결정을 배로 내린다는 것을 보여주는 학술 연구도 존재한다.

전체적으로 커뮤니케이션은 쌍방으로 이루어진다. 두려움, 신경과민, 슬픔은 위와 소화에 영향을 미친다. 그리하여 갑작스럽게 강한 식욕이 느껴진다거나, 입맛을 잃는다거나, 경련과 염증과 같은 치료가 필요한 불편을 느낀다. 이런 메커니즘을 거꾸로 이용할 수도 있다. 신체적인 원인이 없는데 불편한 증상을 느끼는 경우, 이완 연습과 최면이 증상 개선에 도움이 된다.

이완 연습은 생리적 영역에서도 전달물질과 호르몬에 영향을 주어서, 이들의 생성을 자극하거나 억제할 수 있다. 스트레스를 받으면 무엇보다 아드레날린, 노르아드레날린, 코르티솔이 강하게 분비되어, 우리 몸을 일종의 알람 상태로 인도한다. 하지만 진정한 이완으로 들어가게 되면, 놀랍게도 일산화질소가 주도하는 연쇄반응이 일어난다. 일산화질소는 신경계, 면역계, 심혈관계의 조절을 담당하며, 추가적으로 스트레스 호르몬을 억제할 수 있다. 최근 연구 결과에 따르면 최면, 명상, 자율훈련, 집중적인 음악 감상이 혈액 속의 일산화질소 농도를 올리는 생화학적 연쇄반응을 일으킨다고 한다.

그러면 이어 혈관이 확장되고, 혈압이 떨어지며, 동시에 호흡 횟수가 감소하고, 산소와 이산화탄소의 교환이 느려진다.

캐나다의 린다 칼슨Linda E. Carlson 연구팀은 이완이 체세포에도 영향을 미친다는 것을 증명했다. 이들은 치료를 끝낸 지 3개월 정도 되어, 여전히 질병으로 인한 정신적 부담을 안고 살아가는 유방암 환자들을 대상으로 다양한 이완 연습이 어떤 영향을 미치는지를 살펴보았다. 이를 위해 자원한 참가자들을 무작위로 세 그룹으로 나누었다. 첫 번째 그룹은 두 달여의 기간 동안 존 카밧진이 개발한 마음챙김 기반 암 회복 프로그램MBCR, mindfulness-based cancer recovery에 한 시간 반씩 8회, 그리고 여섯 시간짜리 1회에 걸쳐 참가시켰다. 두 번째 그룹은 12주 동안 일주일에 90분씩 전문 지도자와 함께 하는 집단 지지 표현 요법SET, Supportive expressive group therapy에 참가하도록 했다. 그룹 구성원들이 서로 뒷받침해 주고, 자신의 감정 상태를 솔직하게 말하며 소통하고, 가족·친구·의료 인력과의 의사소통과 상호작용을 증진하는 프로그램이었다. 세 번째 대조 그룹은 여섯 시간짜리 정신종양학적 스트레스 극복 방법 세미나만 들으면 되었다.

연구자들은 이어 연구 시작 시점과 끝나는 시점에 실시한 혈액검사를 도구로 이런 이완 프로그램이 신체적으로 어떤 영향을 미치는지를 점검했다. 여기서 지표로 활용한 것은 염색체 보호캡의 일종인 텔로미어의 길이였다. 잠시 텔로미어에 대해 짚고 넘어가자면, 텔로미어는 세포분열을 할 때마다 길이가 짧아지므로 생물학적 노화를 가늠하는 척도로 여겨진다. 엘리자베스 블랙번, 잭 쇼스택, 캐롤 그라이더는 텔로미어와 이 과정에 참가하는 효소인 텔로머레이스를 연구하여 2009년 노벨의학상을 수상하기도 했다.

현재의 연구는 화학물질을 통해 텔로머레이스에 영향을 끼침으로써 노화 과정을 늦추거나 멈추게끔 하는 방법을 모색하고 있다. 이 분야에 주도적인 역할을 감당하는 칼리코 기업은 구글의 지주회사인 알파벳의 자회사다. 텔로머레이스의 작동 기전에 영향을 미칠 수 있는 물질들은 분명 존재한다. 젊음을 유지시켜준다고 하여 몇천 년 전부터 중요한 한약 재료로 활용되었던 황기의 작용물질도 그런 효능이 있는 것으로 나타났다. 그런 젊음의 영약을 아직 캡슐 같은 것으로 복용할 수는 없지만, 위에 소개한 캐나다 연구에서의 혈액 검사 결과는 명백했다. 이완 연습에 참여한 두 그룹의 여성들은 텔로미어가 짧아지지 않고 동일 수준을 유지한 반면, 대조군 여성들의 텔로미어는 더 짧아졌던 것이다.

물론 이런 효과는 암 치료 후에만 나타나는 것이 아닐 것이다. 어떤 상황이든 의식적으로 규칙적인 휴식 시간을 갖는다면 체세포의 노화 과정이 늦춰질 것이다.

혼자서 쉬어주라

옛날에는 자연적으로 휴식이 허락된 반면, 요즘에는 정말 일정이 빡빡하게 맞물려 돌아간다. 이렇게 시간이 부족할수록 의식적으로 쉬어주면서 에너지를 충전하고 스트레스에 대한 완충 기제를 마련하는 것이 정말 중요하다. 자율훈련법, 점진적 근이완법, 명상, 태극권, 기공, 요가 등등 이완법도 많고 휴식의 형태도 다양하니, 개인적인 기질과 선호에 따라 자신에게 가장 적절한 방법을 개발하면 좋을 것이다. 이완 연습은 힘들지 않고 쉬워야 한다.

어떻게 쉬어주는 것이 가장 좋을지는 삶의 상황과 개인적인 기질에 따라 다르다. 지금까지 이 주제로 이루어진 가장 방대한 연구는 몇 년 전, 더럼 대학교 연구자들이 시행한 '휴식 테스트'다. 이 연구에서 연구자들은 134개국의 약 1만 8000명의 참가자(영국, 유럽, 미국 사람들이 주를 이루었다)를 대상으로 휴식과 이완이 무엇이라고 생각하는지에 대한 온라인 설문조사를 실시했다. 2016년에 발표된 이 설문조사 결과는 무엇보다 현대인의 삶의 템포가 매우 빠르다는 것을 보여주었는데, 설문 참가자들의 대다수가 휴식이 부족하다고 답변한 것으로 나타났다. 참가자의 3분의 2 이상(68%)이 휴식이 더 필요하다고 답했고, 3분의 1 정도(32%)가 자신은 평균적인 사람들보다 더 많은 휴식이 필요한 사람이라고 느끼고 있었다. 반면 평균적인 사람보다 더 적게 쉬어주어도 무리가 없다고 확신하는 사람들은 열 명 중 하나였다.

이런 자기관찰의 결과는 학계, 의료계, 건강보험공단이 파악하고 있는 내용 및 언론 보도 내용, 그리고 우리 모두가 느끼는 바와 일치한다. 하지만 한 가지 놀라운 사실은 휴식과 이완을 위해 무엇을 하느냐는 물음에 설문 응답자들이 비슷한 대답을 했다는 것이다.

독서, 자연 속으로 나아가기, 혼자 있기, 음악 듣기, 아무것도 안 하고 멍 때리기 등이었다. 얼핏 보면 다양한 활동 같지만 공통분모를 지닌다. 주로 혼자 하는 활동이라는 것이다.

결과는 혼자 있는 시간에 대한 욕구가 정말 크며, 일상에서 다른 사람들과 더불어 하는 일들이 우리 에너지를 많이 잡아먹는다는 것을 보여준다. 인간은 사회적 동물이라 동료 인간들과의 접촉을 필요로 한다. 그럼에도 이 역시 적절한 정도라야 한다. 물론 혼자 있고 싶어지는 시점은 사람마다 차이가 나지만 말이다.

여기, 빠르게 이완 상태로 돌입할 수 있는 작은 트릭이 있다. 그것은 바로 미소를 짓는 것이다! 캔자스 대학교에서 시행된 연구에 따르면 몇 분간 미소를 지으면 심장박동이 한결 안정된다고 한다. 미소는 스트레스 상황에서도 효력을 발하며, 진정한 미소가 아니라 억지 미소여도 무방하다.

자신이 받는 스트레스가 주로 어떤 종류인지를 막론하고 아무튼 우리 모두 어느 시점에 휴식이 필요한 상태에 이른다. 자신에게 휴식이 필요하다는 것을 의식하는 것이 적절히 쉬어주기 위한 가장 중요한 전제다. 긴장과 이완은 자연스럽게 교대되어야 하는데, 이것이 균형을 잃을 때 무리가 온다. 신체 차원에서는 특히 골격근육에서 이를 실감할 수 있다. 모든 움직임은 근육의 수축과 이완이 번갈아 교대됨으로 말미암은 결과다. 근육의 수축과 이완은 우리가 느낄 수 없을 뿐 가만히 있을 때도 일어난다.

근육의 긴장이 오랜 시간에 걸쳐 높아져 있으면 근육경련이 발생하고 상당히 아프다. 그리고 그 부분의 모세 혈관이 압착되어 조직의 혈액순환이 원활히 이루어지지 않아 산소와 영양소 공급이 제한되고 신진대사 노폐물 배출에도 문제가 생긴다. 근섬유에 대한 혹사가 계속 감소하지 않으면, 만성염증이 생길 수 있다. 문제는 근육이 보호 반응으로 긴장을 더 높인다는 것이다. 근육이 더 손상되는 것을 막으려는 반응이 오히려 악순환으로 이어진다. 이를 깨려면 해당 부위를 따뜻하게 해주고, 마사지해 주어야 한다. 혈액순환을 원활하게 하여 근육섬유를 말 그대로 이완시켜 주는 것이다. 고질적인 경우에는 추가적으로 적절한 약을 복용해 주는 것이 도움이 될 수 있다.

근육경련, 근육경화증은 부적절한 하중이 가해진 결과일 수 있다. 퇴행성 관절염 같은 것이 있는 경우, 혹은 지속적으로 일방적인 하중이 가해지는 경우 근육에 경련이 일어나거나 근육이 경화될 위험이 증가한다. 가령 미용사나 치과의사는 여러 시간 구부정한 자세에서 비슷한 손놀림을 반복하므로 목, 목덜미, 어깨, 상박 부위의 근육이 경직되기 쉽다. 운동, 특히 기록을 내는 경기를 할 때도 근육에 무리가 갈 위험이 높다. 올림픽 경기나 월드컵 축구 경기 같은 스포츠 행사에서 선수들이 근육경련을 겪는 모습을 보았을 것이다.

심리 질환이나 만성 스트레스도 근육에 무리를 가져올 수 있다. 공포나 우울증과 같은 높은 정신적 스트레스도 신체 자세에 영향을 미치는데, 특히 오래 지속되면 근육경직이 일어나기 쉽다. 충분한 수면을 취하지 못해도 신체적, 정신적으로 긴장이 충분히 풀리지 않은 상태가 된다.

쓰러질 때까지 달리지 말 것

1 스트레스를 받을 때까지 기다리지 말라

먹는 것이든, 운동이든, 정신 활동이든, 우리 몸의 모든 과정은 긴장과 이완의 교대를 통해 이루어진다. 필요한 휴식을 허락하지 않으면, 압력솥에서처럼 압력이 높아지고 스트레스가 생겨난다. 쌓인 스트레스는 어떻게든 분출되는데, 모든 사람에게 '약한 부분'이 있기에 스트레스가 분출되는 방식도 서로 다르게 나타난다. 그래서 스트레스성 질환도 개인에 따라 신체적, 정신적으로 다양한 모습으로 발현된다.

따라서 규칙적으로 이완을 해주고 쉬어주어야 한다는 것은 그냥 하는 소리가 아니며, 직업상 스트레스 지수가 높은 사람들에게나 해당되는 소리도 아니다. 이것은 오히려 질병과 노화 현상을 효과적으로 예방하는 지혜로운 전략이다.

2 자신에게 맞는 이완법을 개발하라

요가건, 호흡 연습이건, 명상법이건, 이완 방법은 다양하다. 개인적으로 재미있고 좋게 느껴지는 것을 시험하라. 자신의 느낌에 귀를 기울이라. 이완 연습을 할 때 기분이 좋지 않다면, 공연히 불필요한 스트레스에 노출될 수 있다.

이완이 고립적으로 되풀이하는 프로그램인 것만은 아니다. 이완을 마음챙김에 기반한 삶의 자세의 일부로 보라. 신선한 공기를 마시며 산책하는 것, 마음이 채워지는 여가 활동을 하는 것, 즐거운 만남을 갖는 것 모두가 이완과 휴식에 속한다.

많은 사람이 이완하고 쉬는 것을 잃어버렸다. 너무나 오래 이완과 휴식에 시간을 할애하지 못했던 사람들의 경우에는 이완을 위한 리추얼을 마련하는 것이 도움이 될 것이다. 자신의 삶의 리듬을 고려해 고정적인 시간을 별도로 확보하여 그 시간에는 무조건 휴식을 하도록 하라. 버튼을 작동시키듯 이완을 하는 것이 아니라, 이완이 잘될 수 있는 시간과 공간을 만드는 것이 중요하다.

8

일곱 번째 공식 : 사회관계

외롭지 않아야
아프지 않다

사람들과 어울리며
젊음을 유지하기

인간은 사회적 존재다. 그리스 철학자 아리스토텔레스가 이미 인간을 사회적 존재로 규정한 바 있다. 사람이 살아가는 데 사람이 필요하다는 것은 아리스토텔레스 시대에도 새로운 깨달음은 아니었다. 역사적으로 인간은 무리를 지어 사는 가운데 진화해 왔다. 처음에 인간은 여남은으로 집단을 이루었지만, 점차 '사회'의 규모가 커졌다. 이런 생활 방식은 선사시대에 이미 큰 이점을 제공했다. 함께하는 가운데 야생동물이나 다른 위험으로부터 몸을 지킬 수 있었기 때문이다.

공동체에 편입되어 사람들과 어울려 살아가는 것은 오늘날에도 중요하다. 심리학에서도 누누이 강조하는 바다. 우선, 인간은 함께 살아갈 때 의식주를 더 쉽게 충족할 수 있다. 또한 다른 사람들과의 교류에서 얻을 수 있는 다양한 감정도 생존에 매우 중요하다. 아주 예외적인 경우를 제외하고는 인간은 다른 사람들과 더불어 사는 가운데서만 생존할 수 있다.

친구 관계든, 파트너 관계든, 가족 관계든 간에 사회적 관계가 없으면 우리는 고독해지고 병이 든다. 나이 들어 인간관계가 좌절되거나, 오랜 결혼 생활이 파경에 이르거나 가까운 사람이 세상을 떠나면, 고독감이 심해진다. 새로운 인간관계를 맺을 기회는 점점 적어진다. 여기에 노화로 인해 활동성까지 줄어들면 고립감은 걷잡을 수 없이 사람을 압도한다.

인간관계가 없는 것이 어떤 영향을 미칠까

오랫동안 병석에 있어본 사람은 알 것이다. 양질의 치료도 너무나 소중하지만, 정말 힘이 되는 것은 가족과 친구들의 관심이라는 것을 말이다. 어떤 질병이든 안정된 사회적 관계망은 예후를 더 개선시킨다.

서양에서 할머니가 끓인 닭고기 수프는 가히 감기 특효약이라 할 수 있었다. 감기에 걸렸을 때 뜨끈한 닭고기 수프를 먹으면 거뜬해지는 경험을 하곤 했던 것이다. 그리하여 풍자 작가 위글라프 드로스트Wiglaf Droste는 힘이 나는 닭고기 수프와 그것의 전설적인 치료 효과에 시까지 헌사했고, 닭고기 수프가 염증을 억제하는 작용이 있음을 입증한 학술 연구까지 나왔다. 물론 이것은 임상에서가 아니라 실험실 안에서만 확인된 결과였지만 말이다. 그러나 닭고기 수프 속의 항염증 물질과 그 배합 같은 것은 닭고기 수프가 가진 비밀의 한 가지 측면일 따름이다. 감기 환자들에게 이런 물질 만큼이나 도움이 되는 것은 아마도 뜨끈한 국물 그 자체일 것이다. 뜨끈한 국물이 혈액순환을 촉진하고, 면역계를 활성화한다. 그리고 마지막으로 절대 과소평가할 수 없는 한 가지 요인이 추가된다. 그것은 바로 우리에게 닭고기 수프를 끓여주는 사람의 보살핌과 관심이다. 사실 우리는 어릴 때부터 이런 효과를 잘 알고 있다. 넘어져 무릎이 까졌을 때 엄마나 아빠가 다친 부분에 '호' 하고 힘 있게 입김을 불어주면 아픈 게 한결 가시지 않았던가. 우리가 혼자라고 느낄 때 통증이 더 심하게 느껴지고, 질병이 더 고통스럽게 다가오는 것은 학문적으로 입증된 결과다.

사회관계가 우리의 건강에 어떤 영향을 미치는지를 잘 의식하지 못하고 살 때가 많다. 더구나 젊을 때는 건강한 것이 당연한 것처럼 보이고, 건강한 몸으로 그다지 못 할 게 없어 보인다. 그러다 한 번 아프고 나면 건강이 최고라는 생각이 든다. 하지만 나이가 들어가면서 신체적인 상태만이 우리의 기분과 행복감을 좌우하는 건 아니라는 걸 깨닫는다. 이어 차츰 몸이 마음대로 따라주지 않다 보면 이상적인 신체에 대한 강박으로부터 좀 자유로워진다. 그리고 이를 통해 전체적으로 더 긍정적인 삶의 자세로 나아가게 된다. 그리하여 앞에서 이미 언급했지만, 나이 들어 몸이 쇠약해져도, 정신적인 행복감은 오히려 더 상승하는 경우가 많다.

나이 들면서 우리는 이모저모로 적응하며 살아간다. 쭉 곧은 길만이 아니라 때로 힘든 시기도 찾아오는 것이 인생이며, 비 온 다음에는 또다시 해가 난다는 것을 경험을 통해 배우고 나면 웬만한 일에는 흔들리지 않는다. 그래서 질병을 진단받든, 주관적으로 신체적 불편을 느끼든 간에 어느 정도 상황과 잘 타협하며 살아간다. 나아가 적극적으로 이런 상황들에 영향을 끼칠 수 있는 방법이 있음을 알기에 그리 힘들어하지 않는다.

이런 높은 적응력은 마음가짐뿐 아니라 신체 차원에서도 관찰된다. 생물학에서 유기체가 환경의 영향을 통해 변화하는 것을 가소성이라 부른다. 운동을 할 때 이것을 특히 잘 느낄 수 있다. 운동을 하다 보면 유전적으로 타고난 가동 범위를 초월하여 활동성에 영향을 미칠 수 있기 때문이다. 노년의 운동과 신체 능력 유지에 대한 운동교육학의 오랜 연구를 토대로 우리는 지긋한 나이에도 놀라운 변화의 잠재력을 지니고 있음을 알고 있다. 중요한 것은 이런 잠재력을 활성화하는 것이다.

능동적인 생활 방식은 '성공적인 노년'을 보내기 위한 필수 조건에 속한다. 운동과학적 시각에서 능동적인 삶은 일차적으로 몸을 자주 움직여 주고 운동을 하는 것을 말한다. 하지만 그와 동일한 비중을 갖는 것이 바로 정신적 생동감이다. 다양한 사회적 네트워크는 이 두 가지 면에서 자극과 도움을 준다.

뇌 역시 소위 '신경 가소성'을 보여준다. 뇌의 회색 세포의 발달은 그동안 받아들여져 왔던 대로 20세 정도에 마무리된다. 하지만 그 이후 영영 변하지 않는 것은 아니다. 뇌세포와 시냅스는 필요에 따라 고령에 이르러서도 새로운 상황에 적응할 수 있다.

신체가 보여주는 이런 높은 가소성은 우리에겐 약속과 같다. 우리는 유전적 소질에 따른 한계를 가지고 세상에 태어나지만, 어떤 자세로 그런 조건에 대처하고, 얼마큼 노력하는가에 따라 우리의 한계는 달라진다. 이런 가소성을 의식하고 좋은 방향으로 잠재력을 발휘하고자 노력한다면, 노화에 적극적으로 대처하고 심신을 건강하게 만들어나갈 수 있다.

Tip

사회적 활동은 약이다

고령의 노인들에게 지금 살면서 가장 힘든 점이 무엇이냐고 물으면, 많은 이들이 혼자 있어서 외로운 것이라고 대답한다. 친구들이 하나 둘 세상을 떠났고, 배우자와도 사별하여 홀로 남겨진 사람들이 많기 때문이다. 사회관계의 결여가 건강에 위험이 될 수 있음은 학문적으로 수차례 입증되었다. 고독과 사회적 고립은 흡연, 과음, 운동 부족, 비만과 마찬가지로 수명을 단축시킬 수 있는 위험 요인에 속한다. MRI 검사에서 사회적 고립이 뇌의 통증중추에 외상을 입었을 때와 비슷한 활성화 패턴을 유발한다는 것이 확인되었다. 반대로 사회적 활동은 뇌의 보상중추를 활성화하는 것으로 나타났다. 이제 막 사랑에 빠진 사람들의 뇌 속 활성화 패턴이 마약을 한 사람들과 거의 비슷하다는 건 연구 결과로 밝혀지기 전에도 모두가 짐작하고 있던 바가 아니던가.

두 명의 사회역학자 마이클 마멋Michael Marmot과 리처드 윌킨슨

Richard Wilkinson 역시 그들의 선구적인 책 《건강의 사회적 결정 요인 *The social determinants of health: The solid facts*》에서 자신을 지지해 주고, 필요할 때 도움을 제공해 줄 수 있는 안정적인 사회적 관계가 건강에 엄청난 중요한 역할을 한다고 말한다. 두 학자는 방대한 경험적 데이터에 근거해 소속감이 질병 예방에 탁월한 효과를 낸다는 결론을 내렸다. 사회적 관계는 앞으로 설명할 여러 가지 긍정적인 작용과 더불어, 무엇보다 서로서로 건강한 생활 방식을 고무해 준다는 면에서도 건강에 긍정적인 영향을 미치는 듯하다. 서로 사회적으로 어느 정도 통제를 해주는 것이 건강한 생활 방식을 실천하는 데 분명 도움이 될 것이다.

여럿이 하는 운동이 즐겁다

운동이 젊음 유지의 비결이라는 것은 앞에서도 여러 번 강조한 사실이다. 운동이 어떤 면에서 건강에 긍정적인 영향을 주는지에 대해 운동을 다룬 장에서 자세히 살펴보았다. 이번 장의 질문은 이것이다. 사회적, 공동체적 측면까지 고려한다면 어떤 운동이 좋을까? 어떤 운동이 사회적 욕구까지 채워줄 수 있을까?

서른 살이건 여든 살이건, 다른 사람들과 뭔가를 함께한다는 건 좋은 일이다. 옛 친구들과 함께 축구를 하든, 테니스 클럽에 소속되어 테니스를 치든, 사람들과 어울려 하는 운동은 즐겁다. 혼자 할 수 있는 운동도 함께 모여서 할 수 있다. 가령 자전거를 혼자 탈 수도 있지만 손주, 자녀 들과 함께 탈 수도 있으며, 걷는 것 또한 이웃들과 어울려 할 수 있다.

피트니스와 사회생활을 특별한 방식으로 통합한 운동이 바로 춤이다. 춤이 복잡할수록, 뇌의 회색 세포는 더욱 활기를 띤다. 그러므로 규칙적으로 춤을 추는 것이 치매를 예방해 준다는 사실도 놀랄 만한 것이 아니다. 이것은 아마 춤을 출 때 좌뇌와 우뇌를 골고루 활용하기 때문일 것이다. 그 밖에도 새로운 동작들을 습득해야 하므로 시냅스와 신경세포가 계속 새롭게 활성화된다.

연구에 따르면 춤은 특히나 파킨슨 환자들에게 유익하다. 파킨슨병의 경우 신경세포가 파괴되어 전신에 영향을 미친다. 그리하여 경련이 오고, 근육이 경직되며, 균형 감각이 파괴되어 걷기나 계단 오르기 같은 일반적인 행동들이 힘들어진다. 이런 상황에서 춤은 보행을 안정시키고, 근육과 균형 감각, 유연성을 강화하는 등 좋은 효과를 발휘하는 것으로 나타났다.

춤은 신체운동과 뇌 운동을 완벽하게 결합한 것이다. 경쾌한 음악이 깔린 상태에서 춤을 추면 체내에서 생화학적인 '어떤' 과정이 실행된다. 신체를 움직일 때 분비되는 신경전달 물질이 정신 활동도 촉진하는 것이다. 정신 활동과 신체 활동은 생화학적으로 서로 연결되어 있다. 수영장에서 수영을 할 때도, 마룻바닥에서 탱고 스텝을 밟을 때도, 어떤 일에 칭찬을 듣거나 격려를 받을 때도 심신이 함께 움직인다.

춤에는 사회적 요소도 중요하게 작용한다. 함께 춤추면 '공동감정'이 생겨난다. 세계 각지에서 지금까지 '우리 의식We feeling'을 고취하기 위해 여러 전통적인 리추얼들을 행해왔는데, 춤이 그 일환으로 중요한 역할을 담당해 왔다. 신경학적, 심리학적 연구는 서로 같은 리듬에 맞추어 춤을 추는 사람들은 정말로 하나가 됨을 맛본다고 말한다. 따라서 "오, 인간이여! 춤을 배워라. 그렇지 않으면 천사들이 그대와 더불어 아무것도 할 수가 없다!"던 아우렐리우스 아우구스티누스의 외침은 그냥 나온 것이 아니라고 하겠다. 곧장 춤을 통해 하늘을 지상으로 끌어내리지 않을 이유가 무엇이란 말인가?

외로우니까
아프다

홀로 외로움에 시달리는 것이 사람을 질병에 취약하게 만든다는 건 그다지 놀랍지 않다. 고독이 신체적 증상으로 이어지는 것을 보여주는 예가 많다.

2011년 시카고 대학교가 시행한 연구 결과에 따르면, 혼자라고 느끼는 사람은 공동체의 일원이라고 느끼는 사람보다 수면의 질도 더 떨어진다. 이 연구에서 리안 쿠리나Lianne M. Kurina 팀은 안정감과 보호감이 숙면을 취하는 데 도움을 준다는 결론을 내렸다.

아울러 수면 부족, 스트레스와 마찬가지로 외로움과 고독도 면역계에 부담으로 주는 것으로 나타났다. 사회적 고립을 겪는 사람들은 염증을 유발하는 유전자가 활성화되는 동시에 병균을 막아주는 유전자가 차단되는 것으로 나타났다. 이런 연구 결과는 사회적 관계망이 부족한 사람들이 질병에 더 취약한 이유를 설명해 준다.

예외적인 사람들만이 외로움을 겪는 것이 아니다. 기본적으로 모두에게 외로움이 닥칠 수 있다. '독일 노령화 조사German Ageing Survey 2017'이 독일 여성가족부BMFSFI의 의뢰로 조사한 바에 따르면 나이 든 사람들은 통계적으로 외로움에 시달리는 빈도가 더 높았다.

사실 외로움은 갑작스러운 운명적 타격처럼, 완전히 무방비 상태에서 닥치는 성질의 것이 아니다. 충분히 예상 가능하므로 외로움에 대비하기 위해 지금부터라도 뭔가를 할 수 있다. 적극적으로 사회관계를 만들어나가고, 확장하고, 의식적으로 관계들을 가꾸어나가라. 이것은 건강을 비롯하여 노후의 모든 측면에서 유익한, 일생에 걸친 즐거운 과제다.

만나고 만지고
교류하라

디지털화가 가속화되고 인터넷이 보급되면서 우리는 전 세계를 포괄하는 소셜 네트워크 안에서 살아가게 되었다. 하지만 이것이 사람을 외로움에서 보호해 주지는 않는다.

많은 사람과 접촉하면서 살아가는 것의 중요성은 이미 수많은 연구에서 증명되었다. 애초에 연구를 떠나, 외로운 걸 좋아하는 사람이 어디 있겠는가? 소속감을 느끼면 행복감, 안정감이 상승한다. 인간의 소속에 대한 욕구는 태곳적으로 거슬러 올라간다. 석기시대에는 무리를 이루어 사는 것이 생존에 필수적인 일이었다. 그래야 검치호 같은 맹수의 밥이 되지 않을 수 있었고 추위를 이길 수 있었다. 물론 요즘에는 맹수에게 물릴 위험이 없지만, 그럼에도 소속에 대한 욕구는 예나 지금이나 존재한다.

아날로그적으로 이루어지는 '진정한' 사회적 교류가 부족하면 한편으로는 정신 건강에 부정적인 영향이 생겨나, 우울증이나 공포 장애에 걸릴 확률이 높아진다. 그리고 다른 한편으로는 신체 건강도 해칠 우려가 있다.

1940년 이래로 여러 연구에서 사회적 교류가 부족한 것이 신체 질병으로 이어질 수 있음을 지적해 왔다. 위험이나 도전에 무방비 상태로 홀로 맞서야 할 때, 우리 몸은 마치 검치호를 마주하고 있는 것처럼 스트레스 상태로 전환된다. 이를 통해 스트레스 호르몬인 코르티솔이 분비되고, 혈당치와 혈압이 상승하고, 동시에 면역력이 떨어진다.

연구에 따르면 외로움에 시달리는 사람들에게서 바로 이런 특성이 나타난다. 그리하여 계속해서 사회적으로 고립되어 외로운 상황에 놓이면 수면장애나 이미 언급한 우울증 혹은 공포 장애가 빈발하는 것은 말할 것도 없고, 심근경색이나 뇌졸중, 혹은 암이나 치매에 걸릴 확률도 높아진다.

미국의 한 연구팀은 방대한 메타연구를 근거로 활발한 사회적 교류가 일련의 질병 위험을 낮추어 준다는 결론을 내렸다. 사회적 교류가 정신 건강뿐 아니라 신체 건강, 특히나 심장과 면역계에 좋은 영향을 미친다는 것이다. 이것은 혈액에도 반영이 되는데, 공동체 안에서 안정감을 느끼는 경우 킬러 세포 수가 늘어나는 것으로 나타났다. 면역계의 킬러 세포는 무엇보다 체내에서 암이 성장하지 않도록 막아준다. 반면 외로움을 느끼는 사람은 스트레스를 받게 되고, 스트레스 호르몬인 코르티솔이 분비되어 킬러 세포의 생성을 억제한다. 한마디로 말해, 외로운 사람은 조기에 사망할 확률이 높다.

이야기를 하면서 상대의 팔에 손을 얹거나, 손을 잡아주거나, 안아주거나, 마사지를 해주거나, 쓰다듬어주는 등 스킨십을 해주면 상대에게 좋은 일을 해주는 셈이다. 연구자들은 오래전부터 신체 접촉의 효과를 연구해 왔고, 계속해서 그것이 인간에게 중요하고 삶의 모든 영역에 두루두루 좋은 효과를 미친다고 역설해 왔다. 그렇다면 스킨십이 주어질 때 신체에서는 과연 무슨 일이 일어날까?

우리는 피부에 있는 아주 많은 수용체 덕분에 온도, 표면의 구조, 압력을 느낄 수 있고, 어떤 종류의 스킨십이 어떤 빠르기로 주어지는지도 느낄 수 있다. 우리의 신경은 이런 정보를 뇌로 전달하고, 이런 스킨십에 따른 기분, 감정도 함께 전달한다. 가령 느리고 부드럽게 어루만지는 손길이 느껴지면 뇌 속에서는 옥시토신 호르몬이 분비되고 엔도르핀도 한층 더 강하게 작용한다. 신경계는 그에 대한 반응으로 코르티솔과 같은 스트레스 호르몬 수치를 떨어뜨리고 호흡과 심장박동을 늦춘다. 그러면 긴장이 풀리고, 만족감이 깃든다.

오래 함께할 친구를 만드는 법

1 가족, 친지와의 관계를 가꿔나가라

가족, 친구, 지인, 이웃은 애정과 지지를 제공할 수 있는 사회적 관계망이다. 이런 안전망이 든든할 수 있도록 적극적으로 돌보라. 활발한 사회적 교류는 건강과 행복에 긍정적 효과를 낸다.

가족은 중요한 휴식처이자 정서적 안정감을 제공하는 '마이크로 우주'다. 가족 간의 긴밀한 유대는 안정감을 선사하여 우리의 깊은 내면에 내재된 기본 욕구를 채워준다. 친한 친구와의 관계도 이런 기능을 해줄 수 있다. '친구는 내가 선택한 가족'이라는 말마따나 가족 관계가 어려운 상황에서는 친구가 가족보다 더 도움이 될 수 있다.

2 관계망을 확장하라

당신은 춤을 좋아하는데 당신의 아내는 책벌레라면? 당신은 숲을 산책하는 걸 좋아하는데, 당신의 파트너는 숲에는 관심이 없고 배드민턴 치기를 좋아한다면? 많은 취미와 여가 활동은 혼자 하는 것보다 함께할 때 더 재밌다. 그런데 같이 사는 파트너나 친한 친구랑 좋아하는 게 다르다고 굳이 자신이 좋아하는 것을 포기할 필요는 없다. 공통 관심사를 추구할 수 있는 사람들을 찾아 나서면 된다. 많은 사람이 이미 그렇게 하고 있다. 같은 취미를 공유하는 동호회에 드는 것도 좋은 방법이다. 동호회가 너무 형식적으로 느껴지거나, 아니면 동호회 같은 것이 존재하지 않는 약간 특수한 관심사를 갖고 있다면, 도서관, 관청, 교회, 마트 같은 곳의 게시판에 공고를 붙여서 함께 활동할 수 있는 사람을 구할 수도 있을 것이다. 한번 시도해 보라. 열려 있고 적극적인 사람에게는 생각보다 많은 기회가 열린다.

나아가 자원봉사 활동은 나이 들어 삶의 의미를 찾고 사회관계도 맺을 수 있는 좋은 선택지다. 찾아보면 할 수 있는 봉사가 많을 것이다. 이런 활동의 부가가치는 다양한 연령대의 사람들과 교류할 수 있다는 것이다. 봉사를 통해 시야를 넓히고 정신적 생동감을 유지할 수 있으며, 사회에 쓸모 있는 사람으로 살아가고 있다는 뿌듯한 느낌도 받을 수 있다. 무엇보다 은퇴 후에는 사회적으로 인정받을 기회가 별로 없기에 이런 활동이 더 소중하다. 적극적으로 참여하다 보면 행복감도 높아지고, 자존감도 상승할 것이다.

3 작은 계기를 활용해 소소한 접촉을 하며 살아가라

지나가다 만난 사람들과 인사를 하거나 가벼운 대화를 나누는 것도 좋다. 은행에 갔을 때 은행 직원과 잠시 일상적인 대화를 나누거나, 집 앞 계단에서 만난 이웃에게 반갑게 안부를 묻는 것은, 고독감을 싸그리 없애주지는 못한다 해도 상당히 줄여줄 수는 있다. 규칙적으로 지인들과 일상을 함께하는 것에 우선순위를 두라. 일주일에 한 번 이웃과 식사를 하거나 예전 직장 동료를 불러 함께 음식을 만들어 먹는 일도 좋을 것이다.

100세 인생은 이제
꿈이 아닌 현실

인간 수명에서 100년은 다분히 상징적이다. 장수하고 싶은 소망을 담아, 특별히 장수하는 분들을 '백세인'이라고 부르지 않는가. 하지만 요즘에는 평균 수명이 길어지다 보니 100세를 넘기는 분들도 많아졌다. 노화 연구자들은 2000년 이후에 산업국가에서 태어난 사람들은 평균적으로 100세 이상 살 것이라고 본다.

현대 의학의 발전으로 특별히 타고나지 않은 사람들도 옛날 사람들에겐 꿈에 불과했던 장수를 누릴 수 있게 되었다. 대폭 늘어난 평균 수명으로 말미암아 이제 우리는 은퇴 이후 긴 시간을 어떻게 보낼 것인지 고민하고 대비해야 한다. 심신이 불편한 상태로 고통스럽게 산다면 몇십 년을 더 산다 한들 무슨 소용이 있겠는가? 그러므로 장수는 삶의 질이 뒷받침될 때라야 가치를 지닌다고 하겠다. 원하는 삶은 사람마다 다르겠지만, 그 누구도 건강을 빼놓고서 삶을 이야기하지 못할 것이다.

다행히 우리는 여러 방법으로 건강에 영향을 미칠 수 있다. 건강에 좋은 행동을 하기 위해 특정 나이까지 기다릴 필요도 없다. 늙지 않는 공식의 장점은 개인적인 체질과 소질에 맞게, 각자의 건강 상태와 마음가짐에 맞게 얼마든지 변형하여 적용할 수 있다는 점이다. 우리는 서로 다를 뿐 아니라, 몸과 마음 역시 세월이 흐르면서 계속 변한다. 알레르기가 생길 수도 있고 없어질 수도 있으며, 심해질 수도 있고 좋아질 수도 있다. 수면욕과 수면 습관도 변하고, 활동성이 늘어날 수도, 감소할 수도 있다.

우리는 신체의 모든 것을 변화시킬 수는 없지만, 많은 것에 영향을 미칠 수 있다. 생명 유지 과정은 매우 복합적이다. 알다시피, 모든 것은 서로 연결되어 있다. 그래서 전체의 작용 방식, 메커니즘, 연관을 다 파악하는 건 거의 불가능하다. 또한 상호작용이 다양한 것에 놀랄 필요도 없다. 그것은 우리 몸에서 그 무엇도 독립적으로 존재하지 않고, 다른 모든 것과 분리되어 기능하지 않는다는 사실을 보여줄 따름이다.

오히려 바로 이 점에 기회가 있다. 전체를 아우르는 시각에서 보면 긍정적인 변화를 이끌기 위해 조절할 수 있는 '나사'가 많다는 것을 알 수 있다. 어떤 나사를 움직일 수 있는지 알기만 하면 된다. 현대 의학과 학문이 발전한 결과, 그리고 여러 문화권에서 대대로 전수된 방법으로 인해 우리는 활용할 수 있는 지식이 많아졌다.

이 책에서는 독자들에게 우선적으로 전체적인 조망을 제공하고자 하였다. 이 책을 개인적인 발견 여행의 출발점으로 삼으면 좋을 것이다. 여러 제안 중 어떤 것을 활용할지는 독자들에게 달려 있다. 여러 가지를 시험적으로 적용해 보고, 별로 맞지 않는 것들은 버려라! 자신의 느낌을 신뢰하라. 처음에 몇 번 시도할 때 느낌이 좋지 않으면, 자신에게 적절한 것이 아닐 확률이 높다.

독자들은 늙지 않는 공식을 토대로 한 걸음 한 걸음 자신이 어떤 부분들을 개선하고, 변화시킬 수 있을지 가능성을 모색할 수 있을 것이다. 바람직한 루틴과 행동 방식을 발견하여, 건강 계좌에 차곡차곡 쌓아나가라. 늙지 않는 공식 중 어떤 요인은 비교적 수월하게, 어떤 요인은 비교적 어렵게 느껴지는 것은 자연스러운 일이다. 지나치지 않는 한, 편안한 마음으로 자신이 더 쉽게 할 수 있는 영역의 나사를 좋은 쪽으로 돌려주면 된다.

완벽한 사람은 없음을 기억하라. 더구나 모든 면에서 완벽한 사람은 없다. 우리의 건강 상태는 변화하는 삶의 조건과 환경 조건에 맞추어 왔다 갔다 한다. 이를 받아들이고 최선을 다하다 보면 절반의 성공이 찾아올 것이다. 단순하면서도 효과적인 늙지 않는 공식과 더불어 많은 즐거움을 누리기 바란다.

Achor, S. (2011). *The Happiness Advantage: The Seven Principles That Fuel Success and Performance at Work*. London: Virgin.

Åkerstedt, T., Ghilotti, F., Grotta, A., Zhao, H., Adami, H. O., Trolle-Lagerros, Y., Bellocco, R. (2019). 《Sleep Duration and Mortality-Does Weekend Sleep Matter?》. *Journal of Sleep Research*, 28(1): e12712.

Alcock, J., Maley, C. C., Aktipis, C. A. (2014). 《Is Eating Behavior Manipulated by the Gastrointestinal Microbiota? Evolutionary Pressures and Potential Mechanisms: Prospects & Overviews》. *BioEssays*, 36(10), 940-49.

Allmendinger, J. (2009). *Frauen auf dem Sprung: wie junge Frauen heute leben wollen; die Brigitte-Studie*. 1. Aufl. Munchen: Pantheon.

Andrillon, T., Nir, Y., Cirelli, C., Tononi, G. Fried, I. (2015). 《Single-Neuron Activity and Eye Movements during Human REM Sleep and Awake Vision》. *Nature Communications*, 6(1):7884.

Anson, R. M., Jones, B., Cabod, R. (2005). 《The Diet Restriction Paradigm: A Brief Review of the Effects of Every-Other-Day Feeding》. *AGE*, 27(1), 17-25.

Ayas, N. T., White, D. P., Manson, J. E., Stampfer, M. J., Speizer, F. E., Malhotra, Atul. Hu, F. B. (2003). 《A Prospective Study of Sleep Duration and Coronary Heart Disease in Women》. *Archives of Internal Medicine*, 163(2), 205.

Badura, B., Ducki, A., Schröder, H., Klose, J., Meyer, M. Achilles, F.(Hrsg.) (2012). *Fehlzeiten-Report 2012—Gesundheit in der flexiblen Arbeitswelt: Chancen nutzen-Risiken minimieren*. Berlin Heidelberg: Springer.

BAuA. (2017). 《Unfallstatistik 2015—Unfalltote und Unfallverletzte 2015 in Deutschland》.

Bertram, H., Deuflhard, C. (2015). *Die uberforderte Generation: Arbeit und Familie in der Wissensgesellschaft*. Opladen: Budrich.

Bierhaus, A. (1998). 《AGEs and their interaction with AGE-receptors in vascular disease and diabetes mellitus. I. The AGE concept》. *Cardiovascular Research*,

37(3), 586-600.

Blackburn, E. H., Epel, E. (2017). *Die Entschlusselung des Alterns: der Telomer-Effekt*. Munchen: Mosaik.

Blanchflower, D. G. (2020). *Is Happiness U-shaped Everywhere? Age and Subjective Wellbeing in 132 Countries*(WORKING PAPER 26641).

Blech, J. (2015). 〈"Bei Rückenschmerz gehe ich rückwärts"〉. *Spiegel Wissen*, April 28.

Bundesinstitut Für Risikobewertung. (2019). *Neuartige Erreger in Rind und Kuhmilchprodukten: Weitere Forschung notwendig*(Stellungnahme Nr. 014/2019).

Cacioppo, J. T., Cacioppo, S. (2014). 《Social Relationships and Health: The Toxic Effects of Perceived Social Isolation: Social Relationships and Health》. *Social and Personality Psychology Compass*, 8(2), 58-72.

Cacioppo, J. T., Cacioppo, S., Boomsma, D. I. (2014). 《Evolutionary Mechanisms for Loneliness》. *Cognition and Emotion*, 28(1), 3-21.

Callard, F., Staines, K., Wilkes, J. (2016). 《The Rest Test: Preliminary Findings from a Large-Scale International Survey on Rest》. In Hammond, C., Lewis, G. *The Restless Compendium*(59-67), Cham: Springer International Publishing.

Carlson, L. E., Beattie, T. L., Giese-Davis, J., Faris, P., Tamagawa, R., Fick, L. J., Degelman, E. S., Speca, M. (2015). 《Mindfulness-Based Cancer Recovery and Supportive-Expressive Therapy Maintain Telomere Length Relative to Controls in Distressed Breast Cancer Survivors: Psychosocial Interventions Affect TL》. *Cancer*, 121(3), 476-84.

Christensen, J. F., Chang, D. S. (2018). *Tanzen ist die beste Medizin: warum es uns gesunder, kluger und glucklicher macht*. Reinbek bei Hamburg: Rowohlt Polaris.

Chuah, Y. K., Basir, R., Talib, H., Tie, T. H., Nordin, N. (2013). 《Receptor for Advanced Glycation End Products and Its Involvement in Inflammatory Diseases》. *International Journal of Inflammation* 2013, 1-15.

Church, D. (2007). *The genie in your genes: Epigenetic medicine and the new biology of intention*. Santa Rosa, CA: Energy Psychology Press.

Church, D. (2018). *Mind to matter: The astonishing science of how your brain creates material reality*. Carlsbad, CA; Hay House.

Church, D. (2020). *Bliss brain: The neuroscience of remodeling your brain for resilience, creativity, and joy*. Carlsbad, CA: Hay House.

Cole, S. W., Capitanio, J. P., Chun, K., Arevalo, J. M. G., Ma, J., Cacioppo, J. T. (2015). 《Myeloid Differentiation Architecture of Leukocyte Transcriptome Dynamics in Perceived Social Isolation》. *Proceedings of the National Academy of Sciences*, 112(49), 15142-47.

Crum, A. J., Langer, E. J. (2007). 《Mind-Set Matters: Exercise and the Placebo Effect》. *Psychological Science*, 18(2), 165-71.

Daussin, F. N., Zoll, J., Dufour, S. P., Ponsot, E., Lonsdorfer-Wolf, E., Doutreleau, S., Mettauer, B., Piquard, F., Geny, B., Richard, R., (2008). 《Effect of Interval versus Continuous Training on Cardiorespiratory and Mitochondrial Functions: Relationship to Aerobic Performance Improvements in Sedentary Subjects》. *American Journal of Physiology-Regulatory, Integrative and Comparative Physiology*, 295(1), R264-72.

Davis, W., Brodersen, I. (2013). *Weizenwampe: warum Weizen dick und krank macht*. Munchen: Goldmann.

Denninger, T., Dyk, S., Lessenich, S., Richter, A., (2014). *Leben im Ruhestand: zur Neuverhandlung des Alters in der Aktivgesellschaft*. Bielefeld: Transcript.

Dimitrov, S,, Lange, T., Gouttefangeas, C., Jensen, A. T. R., Szczepanski, M., Lehnnolz, J., Soekadar, S., Rammensee, H. G., Born, J., Besedovsky, L. (2019). 《Gαs-Coupled Receptor Signaling and Sleep Regulate Integrin Activation of Human Antigen-Specific T Cells》. *The Journal of Experimental Medicine*, 216(3), 517-26.

DKFZ. (2019). 《Neuartige Infektionserreger als Krebsrisikofaktoren》. www.dkfz.de/de/presse/download/Hintergrund-PK-Plasmidome_final.pdf

Dorhofer, P. (2019). 《Erreger in Milch und Rindfleisch begünstigen Entstehung von Krebs》. www.fr.de/wissen/erreger-milch-rind fleisch-beguenstigen-entstehung-krebs-11808238.html

Draganich, C., Erdal, K. (2014). 〈Placebo Sleep Affects Cognitive Functioning〉.

Journal of Experimental Psychology: Learning, Memory, and Cognition, 40(3), 857-64.

Drinda, S., Grundler, F., Neumann, T., Lehmann, T., Steckhan, N., Michalsen, A., Toledo, F. W., (2019). 《Effects of Periodic Fasting on Fatty Liver Index A Prospective Observational Study》. *Nutrients*, 11(11), 2601.

DRV Deutsche Rentenversicherung Bund. (2014). 《Positionspapier der Deutschen Rentenversicherung zur Bedeutung psychischer Erkrankungen in der Rehabilitation und bei Erwerbsminderung》.

DVR. (2010). 《Sekunden, die uber Leben und Tod entscheiden》.

Earhart, G. M. (2009). 《Dance as Therapy for Individuals with Parkinson Disease》. *European Journal of Physical and Rehabilitation Medicine*, 45(2), 231-38.

Eckhoff, R. A. (2013). 《Finding Levers for Innovation in Diverse Teams》. Vrije Universiteit, Amsterdam.

Ekelund, U., Steene-Johannessen, J., Brown, W. J., Fagerland, M. W., Owen, N., Powell, K. E., Bauman, A., Lee, I. M. (2016). 《Does Physical Activity Attenuate, or Even Eliminate, the Detrimental Association of Sitting Time with Mortality? A Harmonised Meta-Analysis of Data from More than 1 Million Men and Women》. *The Lancet*, 388(10051), 1302-10.

Ekirch, A. R. (2006). *In der Stunde der Nacht: eine Geschichte der Dunkelheit*. Bergisch Gladbach: Lübbe.

Elmenhorst, E. M., Elmenhorst, D., Benderoth, S., Kroll, T., Bauer, A., Aeschbach, D. (2018). 《Cognitive Impairments by Alcohol and Sleep Deprivation Indicate Trait Characteristics and a Potential Role for Adenosine A1 Receptors》. *Proceedings of the National Academy of Sciences*, 115(31), 8009-14.

Eriksson, P. S., Perfilieva, E., Bjork-Eriksson, T., Alborn, A. M., Nordborg, C., Peterson, D. A., Gage, F. H. (1998). 《Neurogenesis in the Adult Human Hippocampus》. *Nature Medicine*, 4(11), 1313-17.

Everson, C. A., Bergmann, B. M., Rechtschaffen, A. (1989). 《Sleep Deprivation in the Rat: III. Total Sleep Deprivation》. *Sleep*, 12(1), 13-21.

Ferriss, T. (2017). *Tools der Titanen: die Taktiken, Routinen und Gewohnheiten der*

Weltklasse-Performer, Ikonen und Milliardare. Munchen: FBV, FinanzBuch Verlag.

Fietze, I. (2018). *Die ubermudete Gesellschaft: wie Schlafmangel uns alle krank macht*. Reinbek bei Hamburg: Rowohlt.

Grant, A. (2016). *Geben und Nehmen: warum Egoisten nicht immer gewinnen und hilfsbereite Menschen weiterkommen*. Munchen: Droemer Taschenbuch.

Greenberg, G. (2018). 《What if the Placebo Effect Isn't a Trick?》 *The New York Times*. 7 November. www. nytimes.com/2018/11/07/magazine/placebo-effect-medicine. html

Guo, J., Bakshi, V., Lin, A. L., (2015). 《Early Shifts of Brain Metabolism by Caloric Restriction Preserve White Matter Integrity and Long-Term Memory in Aging Mice》. *Frontiers in Aging Neuroscience* 7.

Hakulinen, C., Pulkki-Raback, L., Virtanen, M., Jokela, M., Kivimaki, M., Elovainio, M. (2018). 《Social Isolation and Loneliness as Risk Factors for Myocardial Infarction, Stroke and Mortality: UK Biobank Cohort Study of 479 054 Men and Women》. *Heart*, 104(18), 1536-42.

Heinrich, L. M., Gullone, E., (2006). 《The Clinical Significance of Loneliness: A Literature Review》. *Clinical Psychology Review*, 26(6), 695-718.

Hirschhausen, E. v., Esch, T. (2018). *Die bessere Halfte: worauf wir uns mitten im Leben freuen konnen*. Reinbek bei Hamburg: Rowohlt.

Holt-Lunstad, J., Smith, T. B., Baker, M., Harris, T., Stephenson, D. (2015). 《Loneliness and Social Isolation as Risk Factors for Mortality: A Meta-Analytic Review》. *Perspectives on Psychological Science*, 10(2), 227-37.

Jacobi, F., Hofler, M., Strehle, J., Mack, S., Gerschler, A., Scholl, L., ... Wittchen, H. U. (2016). 《Psychische Storungen in der Allgemeinbevolkerung. Studie zur Gesundheit Erwachsener in Deutschland und ihr Zusatzmodul Psychische Gesundheit(DEGS1-MH)》. *Der Nervenarzt*, 87(1), 88-90.

Kaiser, H. J. (2002). 〈Kontrolliertes Bewegungsverhalten im Alter〉. In Baumann, H., *Autonomie und Kompetenz: Aspekte einer gerontologischen Herausforderung, Erlanger Beiträge zur Gerontologie*(257 -59). Munster: Lit.

Khalsa, S. B. (2004). 《Treatment of Chronic Insomnia with Yoga: A Preliminary

Study with Sleep-Wake Diaries》. *Applied Psychophysiology and Biofeedback*, 29(4), 269-78.

Kim, C. E., Shin, S., Lee, H. W., Lim, J., Lee, J., Shin, A., Kang, D. (2018). 《Association between Sleep Duration and Metabolic Syndrome: A Cross-Sectional Study》. *BMC Public Health*, 18(1), 720.

Kirchner, C., Volker, I., Bock, O. L. (2015). 《Priming with Age Stereotypes Influences the Performance of Elderly Workers》. *Psychology*, 06(02), 133-37.

Knoth, R., Singec, I., Ditter, M., Pantazis, G., Capetian, P., Meyer, R. P., ... Kempermann, G. (2010). 《Murine Features of Neurogenesis in the Human Hippocampus across the Lifespan from 0 to 100 Years》. *PLoS ONE*, 5(1):e8809.

Kohnen, N. (2003). *Von der Schmerzlichkeit des Schmerzerlebens: wie fremde Kulturen Schmerzen wahrnehmen, erleben und bewaltigen*. Ratingen: pvv.

Kohnen, N. (2007). 《Schmerzliche und nichtschmerzliche Patienten: Transkulturelle Aspekte des Schmerzerlebens》. *Trauma und Berufskrankheit*, 9(S3), S323-28.

Koppe, J. (2019). 《Fitness: Die wahre Geschichte der 10.000-Schritte-Regel》. *Spiegel Online*, 29 Juli.

Koppetsch, C., Speck, S., (2015). *Wenn der Mann kein Ernahrer mehr ist: Geschlechterkonflikte in Krisenzeiten*. Berlin: Suhrkamp.

Kox, M., Eijk, L. T. V., Zwaag, J., Wildenberg, J. V. D., Sweep, F. C. G. J., Hoeven, J. G. V. D., Pickkers, P. (2014). 《Voluntary Activation of the Sympathetic Nervous System and Attenuation of the Innate Immune Response in Humans》. *Proceedings of the National Academy of Sciences*, 111(20), 7379-84.

Kraft, T. L., Pressman, S. D. (2012). 《Grin and Bear It: The Influence of Manipulated Facial Expression on the Stress Response》. *Psychological Science*, 23(11), 1372-78.

Kurina, L. M., Knutson, K. L., Hawkley, L. C., Cacioppo, J. T., Lauderdale, D. S., Ober, C. (2011). 《Loneliness Is Associated with Sleep Fragmentation in a Communal Society》. *Sleep*, 34(11), 1519-26.

Lanzke, A. (2019). 《Senioren sollten Schnellkraft trainieren》. *AZ-Online*. www.aerztezeitung.de/Panorama/Senioren-sollten-Schnellkraft-trainieren-255935.html

Langer, E. J. (2011). Die Uhr zurückdrehen? Gesund alt werden durch die heilsame *Wirkung der Aufmerksamkeit*. Paderborn: Junfermann.

Lau, H., Tucker, M. A., Fishbein, W. (2010). 《Daytime Napping: Effects on Human Direct Associative and Relational Memory》. *Neurobiology of Learning and Memory*, 93(4), 554-60.

Lee, I. M., Shiroma, E. J., Kamada, M., Bassett, D. R., Matthews, C. E., Buring, J. E. (2019). 《Association of Step Volume and Intensity With All-Cause Mortality in Older Women》. *JAMA Internal Medicine*, 179(8), 1105-12.

LeRoy, A. S., Murdock, K. W., Jaremka, L. M., Loya, A., Fagundes, C. P. (2017). 《Loneliness Predicts Self-Reported Cold Symptoms after a Viral Challenge》. *Health Psychology*, 36(5), 512-20.

Lipton, B. H. (2015). *The biology of belief: Unleashing the power of consciousness, matter &miracles*. Carlsbad, CA: Hay House.

Lotzova, E. (2018). *Interleukin-2 and Killer Cells in Cancer*.

Luevano-Contreras, C., Gomez-Ojeda, A., Macias-Cervantes, M. H., Garay-Sevilla, M. E. (2017). 《Dietary Advanced Glycation End Products and Cardiometabolic Risk》. *Current Diabetes Reports*, 17(8), 63.

Maniscalco, J. W., Rinaman, L. (2018). 《Vagal Interoceptive Modulation of Motivated Behavior》. *Physiology*, 33(2), 151-67.

Marmot, M., Wilkinson, R. (2003). *The Solid Facts: Social Determinants of Health Second Edition*. Copenhagen: WHO Regional Office for Europe.

Mattison, J. A., Colman, R. J., Beasley, T. M., Allison, D. B., Kemnitz, J. W., Roth, G. S., ... Anderson, R. M. (2017). 《Caloric Restriction Improves Health and Survival of Rhesus Monkeys》. *Nature Communications*, 8(1):14063.

Mitchell, S. J., Bernier, M., Mattison, J. A., Aon, M. A., Kaiser, T. A., Anson, R. M., ... Cabo, R. D. (2019). 《Daily Fasting Improves Health and Survival in Male Mice Independent of Diet Composition and Calories》. *Cell Metabolism*, 29(1), 221-228.e3.

Mons, U., Hahmann, H., Brenner, H. (2014). 《A Reverse J-Shaped Association of Leisure Time Physical Activity with Prognosis in Patients with Stable Coronary Heart Disease: Evidence from a Large Cohort with Repeated Measurements》. *Heart*, 100(13), 1043-49.

Monteiro, C. A., Cannon, G., Moubarac, J. C., Levy, R. B., Louzada, M. L. C., Jaime, P. C. (2018). 《The UN Decade of Nutrition, the NOVA Food Classification and the Trouble with Ultra-Processing》. *Public Health Nutrition*, 21(1), 5-17.

Monteiro, C. A., Levy, R. B., Claro, R. M., Castro, I. R. R. D., Cannon, G. (2010). 《A new classification of foods based on the extent and purpose of their processing》. *Cadernos de Saude Publica*, 26(11), 2039-49.

Morres, I. D., Hatzigeorgiadis, A., Stathi, A., Comoutos, N., Arpin-Cribbie, C., Krommidas, C., Theodorakis, Y. (2019). 《Aerobic Exercise for Adult Patients with Major Depressive Disorder in Mental Health Services: A Systematic Review and Meta-Analysis》. *Depression and Anxiety*, 36(1), 39-53.

Muller, S. (2016). *Richtig essen fur die Faszien*. Munchen: Sudwest.

Muzik, O., Reilly, K. T., Diwadkar, V. A. (2018). 《"Brain over Body"—A Study on the Willful Regulation of Autonomic Function during Cold Exposure》. *NeuroImage* 172, 632-41.

Niewohner, J., Kehl, C., Beck, S. (2008). 《Vom Verhalten zu den Molekulen: Ein biopsychosoziomolekularer Zugang zu Stress- und Schmerz linderung》. In Esch, T. *Wie geht Kultur unter die Haut?emergente Praxen an der Schnittstelle von Medizin, Lebensund Sozialwissenschaft, VerKorperungen-MatteRealities*(209-41), Bielefeld: Transcript.

Niggemeier, C. (2017). 《Untersuchungen zum Einfluss von Lebensmittelverarbeitung und -verarbeitungsgrad auf die Energie-, Nahrstoff- und Zusatzstoffzufuhr von Kindern, Jugendlichen und Erwachsenen》.

OECD. (2012). *Sick on the Job?Myths and Realities about Mental Health and Work*. Paris: OECD.

OECD, European Union. (2018). *Health at a Glance: Europe 2018: State of Health in the EU Cycle*. Paris: OECD.

Philippot, P., Chapelle, G. Blairy, S. (2002). 《Respiratory Feedback in the Generation of Emotion》. *Cognition &Emotion*, 16(5), 605-27.

Portius, J. (2016). 《Die 'Rohre' war immer dabei》. https://www.uniklinik-ulm.de/pharmakologie-toxikologie/aktuelles-veranstaltungen/aktuelles/detailansicht/news/die-roehre-war-immer-dabei.html

Rennard, B. O., Ertl, R. F., Gossman, G. L., Robbins, R. A., Rennard, S. I. (2000). 《Chicken Soup Inhibits Neutrophil Chemotaxis In Vitro》. *Chest*, 118(4), 1150-57.

Roenneberg, T. (2019). *Das Recht auf Schlaf: eine Kampfschrift fur den Schlaf und ein Nachruf auf den Wecker*. Munchen: Deutscher Taschenbuch-Verlag.

Rogers, R. L., Meyer, J. S., Mortel, K. F. (1990). 《After Reaching Retirement Age Physical Activity Sustains Cerebral Perfusion and Cognition》. *Journal of the American Geriatrics Society*, 38(2), 123-28.

Romigi, A. (2016). 《Direct Measurements of Smartphone Screen-Time: Relationships with Demographics and Sleep》. In Christensen, M. A., Bettencourt, L., Kaye, L., Moturu, S. T., Nguyen, K. T., Olgin, J. E., Pletcher, M. J., Marcus, G. M. *PLOS ONE*, 11(11):e0165331.

Sadhguru. (2016). 《10 Healthy Tips How to Reduce Your Sleep》. *Isha Sadhguru*. https://isha.sadhguru.org/global/en/wisdom/article/how-to-sleep-less

Sanguineti, R., Puddu, A., Mach, F., Montecucco, F., Viviani, G. L., (2014). 《Advanced Glycation End Products Play Adverse Proinflammatory Activities in Osteoporosis》. *Mediators of Inflammation* 2014, 1 -9.

Šatalova, G. S. (2002). *Wir fressen uns zu Tode: das revolutionare Konzept einer russischen Arztin fur ein langes Leben bei optimaler Gesundheit*. Munchen: Goldmann.

Schleip, R., Bayer, J. (2019). *Faszien-Fitness: vital, elastisch, dynamisch in Alltag und Sport: der Bestseller erweitert und uberarbeitet*. Munchen: riva Verlag.

Schütz, U., Billich, C. (2010). 《Bis an die Grenzen》. *Forschung*, 35(2), 4-9.

Schütz, U. H. W., Schmidt-Trucksass, A., Knechtle, B., Machann, J., Wiedelbach, H., Ehrhardt, M., ... Billich, C. (2012). 《The Transeurope Footrace Project: Longitudinal Data Acquisition in a Cluster Randomized Mobile MRI

Observational Cohort Study on 44 Endurance Runners at a 64-Stage 4,486 km Transcontinental Ultramarathon》. *BMC Medicine*, 10(1), 78.

Schweer, M. K. W. (2008). 《Erfolgreiches Altern durch Sport?》. In Conzelmann, A. *Sport in Deutschland: Bestandsaufnahmen und Perspektiven, Sport und gesellschaftliche Perspektiven*(55-73), Frankfurt am Main; New York: Peter Lang.

Seligman, M. E. P. *Authentic happiness: Using the new positive psychology to realize your potential for lasting fulfillment*. London: Nicholas Brealey Publishing.

Simon, E. B., Oren, N., Sharon, H., Kirschner, A., Goldway, N., Okon-Singer, H., ... Hendler, T. (2015). 《Losing Neutrality: The Neural Basis of Impaired Emotional Control without Sleep》. *Journal of Neuroscience*, 35(38), 13194-205.

Spalding, K. L., Bergmann, O., Alkass, K., Bernard, S., Salehpour, M., Huttner, H. B., ... Frisen, J. (2013). 《Dynamics of Hippocampal Neurogenesis in Adult Humans》. *Cell*, 153(6), 1219-27.

Stadler, R. (2014). 《Der Evolutionsbiologe Daniel Lieberman im Gesprach》. *SZ Magazin*. sz-magazin.sueddeutsche.de/gesundheit/nur-liegen-istschoener80315

Steves, C. J., Mehta, M. M., Jackson, S. H. D., Spector, T. D., (2016). 《Kicking Back Cognitive Ageing: Leg Power Predicts Cognitive Ageing after Ten Years in Older Female Twins》. *Gerontology*, 62(2), 138 -49.

Tan, S. L., Whittal, A., Lippke, S. (2018). 《Associations among Sleep, Diet, Quality of Life, and Subjective Health》. *Health Behavior and Policy Review*, 5(2), 46-58.

Tarr, B., Launay, J., Dunbar, R. I. M. (2014). 《Music and Social Bonding: 'Self-Other' Merging and Neurohormonal Mechanisms》. *Frontiers in Psychology*, 5, 1096.

Tudor-Locke, C., Craig, C. L., Brown, W. J., Clemes, S. A., Cocker, K. D., Giles-Corti, B., ... Blair, S. N. (2011). 《How many steps/day are enough? for adults》. *The International Journal of Behavioral Nutrition and Physical Activity*, 8, 79.

Voelcker-Rehage, C., Godde, B., Staudinger, U. M. (2010). 《Physical and Motor

Fitness Are Both Related to Cognition in Old Age》. *European Journal of Neuroscience*, 31(1), 167-76.

Voelpel, S. (2016). *Entscheide selbst, wie alt du bist: was die Forschung uber das Jungbleiben weiß*. Reinbek bei Hamburg: Rowohlt Polaris.

Vogel, C., Wettstein, M., Tesch-Romer, C. (2019). *Frauen und Manner in der zweiten Lebenshalfte Alterwerden im sozialen Wandel.*

Werner, C. M., Hecksteden, A., Morsch, A., Zundler, J., Wegmann, M., Kratzsch, J., ... Laufs, U. (2019). 《Differential Effects of Endurance, Interval, and Resistance Training on Telomerase Activity and Telomere Length in a Randomized, Controlled Study》. *European Heart Journal*, 40(1), 34-46.

WHO. (2015). *Global Status Report on Noncommunicable Diseases: 2014*. Geneva: World Health Organization.

Wild, C. J., Nichols, E. S., Battista, M. E., Stojanoski, B., Owen, A. M. (2018). 《Dissociable Effects of Self-Reported Daily Sleep Duration on High-Level Cognitive Abilities》. *Sleep*, 41(12).

Wilmot, E. G., Edwardson, C. L., Achana, F. A., Davies, M. J., Gorely, T., Gray, L. J., ... Biddle, S. J. H. (2012). 《Sedentary Time in Adults and the Association with Diabetes, Cardiovascular Disease and Death: Systematic Review and Meta-Analysis》. *Diabetologia*, 55(11), 2895-2905.

Yoo, S. S., Gujar, N., Hu, P., Jolesz, F. A., Walker, M. P. (2007). 《The Human Emotional Brain without Sleep a Prefrontal Amygdala Disconnect》. *Current Biology*, 17(20), R877-78.

Yudkin, J., Lustig, R. H. (2018). *Pur, weiß, todlich: warum der Zucker uns umbringt und wie wir das verhindern konnen*. Lunen: Systemed Verlag.

Zulley, J. 〈Powernapping oder die Kunst des Mittagsschlafs〉. *Mittagschlaf*. www.zulley.de/dokumente/mittagsschlaf.html

옮긴이 **유영미**

연세대 독문과와 동 대학원을 졸업했으며 현재 전문번역가로 활동하고 있다. 아동 도서에서부터 인문, 교양과학, 사회과학, 에세이, 기독교 도서에 이르기까지 다양한 분야의 번역 작업을 하고 있다. 《소행성 적인가 친구인가》, 《내 몸에 이로운 식사를 하고 있습니까》, 《100개의 별, 우주를 말하다》, 《왜 세계의 절반은 굶주리는가》, 《인간은 유전자를 어떻게 조종할 수 있을까》, 《불행 피하기 기술》, 《부분과 전체》 등 다수의 책을 옮겼다.

50 이후, 더 재미있게 나이 드는 법

초판 1쇄 발행 2021년 9월 10일
초판 3쇄 발행 2022년 2월 21일

지은이 • 스벤 뵐펠
옮긴이 • 유영미

펴낸이 • 박선경
기획/편집 • 이유나, 강민형, 오정빈
마케팅 • 박언경, 황예린
디자인 제작 • 디자인원(031-941-0991)

펴낸곳 • 도서출판 갈매나무
출판등록 • 2006년 7월 27일 제395-2006-000092호
주소 • 경기도 고양시 일산동구 호수로 358-39 (백석동, 동문타워 I) 808호
전화 • 031)967-5596
팩스 • 031)967-5597
블로그 • blog.naver.com/kevinmanse
이메일 • kevinmanse@naver.com
페이스북 • www.facebook.com/galmaenamu

ISBN 979-11-91842-03-6/03320
값 15,000원